Natalia Ramos Díaz
Olivia Recondo Pérez
Héctor Enríquez Anchondo

Practica la inteligencia emocional plena

Mindfulness para regular nuestras emociones

editorial Kairós

Numancia 117-121, 08029 Barcelona, España
www.editorialkairos.com

Fotocomposición: Grafime. Mallorca, 1. 08014 Barcelona
Impresión y encuadernación: Litogama

Primera edición: Mayo 2012
Cuarta edición: Marzo 2017
ISBN: 978-84-9988-140-9
Depósito legal: B-15.521/2012

Sumario

Parte I: Teoría

Parte I: Teoría

Introducción

Educar para el afecto

«Es un milagro que la curiosidad sobreviva a la educación reglada.»

ALBERT EINSTEIN

Nuestro sistema social, familiar y educativo necesita urgentemente un cambio. Debemos reflexionar seriamente sobre el tipo de educación que deseamos para nuestros niños y jóvenes. Sobre todo es necesario que pensemos acerca del tipo de sociedad que queremos para todos y si esa sociedad buscada puede venir de la mano del actual sistema social y educativo en el que estamos inmersos.

Muchos autores se muestran muy críticos con nuestro sistema educativo. En palabras de Claudio Naranjo (2004):

> «La institución educativa tal y como está construida no se ocupa más que de cosas insignificantes, no enseñan a las personas a ser buenas personas para lograr un mundo mejor, a los jóvenes les basta un contacto breve con la escuela para saber que no les interesa».

Por ello, necesitamos nuevas apuestas en el sistema social y educativo que no se limiten a cuestiones meramente formales y de contenido, sino que apuesten, de forma decisiva, por un cambio en la manera en que todos (padres, profesores y alumnos) nos relacionemos con nosotros mismos y con el mundo que nos rodea.

Lo cierto es que a fuerza de intentar soluciones y no lograr una salida satisfactoria a los problemas actuales, hemos entrado en una suerte de desilusión mayoritaria. Lo que Martin Seligman denominó "indefensión aprendida", a la que se llega a través de la reiterada experiencia de fracaso de forma que, en un determinado momento, esta sensación de "falta de control" se extiende a situaciones que paradójicamente dependen de nuestra acción directa.

El problema es que hemos aceptado unas premisas básicas sobre el mundo que nos rodea y estamos convencidos de la imposibilidad de educar de una manera distinta. Así, parece que lo más difícil es superar los *compromisos cognitivos prematuros* que hemos aceptado sobre la realidad y, por ende, sobre la educación. El *automatismo* es la rígida dependencia de las viejas categorías y surge como consecuencia de una incapacidad de replantearnos nuestra particular visión del mundo.

En ocasiones, solo las crisis nos llevan a cuestionar nuestra realidad. En caso contrario, nuestra tendencia es la de persistir irreflexivamente en los modelos que aprendimos en el pasado.

En este punto es necesario subrayar que, en realidad, solo utilizamos una pequeña fracción de nuestra capacidad; solo en ciertos estados hacemos uso de nuestros recursos creativos y de nuestras reservas de energía vital.

De forma que, aunque podamos tener la sensación de haber agotado todos los recursos a nuestra disposición o de haber intentado nuevas formas de abordar los problemas de siempre, lo cierto es que solo estamos empleando una parte muy pequeña de nuestra capacidad para afrontar nuevos retos.

El problema es que hacer las cosas de la misma manera es una tentación irresistible (pese a obtener siempre los mismos resultados). La decisión de abordar nuestras dificultades de un modo distinto puede conducirnos a un marco de incertidumbre demasiado molesto para nuestra tan ansiada sensación de seguridad y control.

Pensamos ahora en nuestro actual sistema educativo y en algunas de sus características.

En primer lugar, comprobamos que se trata de una educación centrada en las *metas* y no en los *procesos*. Sabemos que cuando la educación da énfasis al resultado final fomenta el *automatismo*. Es decir, el alumno deja de poner atención al proceso en sí mismo y se centra en el resultado final de sus acciones. Es lo que en psicología se llama "orientación al rendimiento más que al dominio" y trae como consecuencia una menor satisfacción con la tarea realizada.

Por otra parte, a la hora de determinar el valor de un alumno en particular lo hacemos basándonos en unos criterios prestablecidos. El contexto determina "lo que es bueno y lo que es malo". Tendemos a determinar la valía personal en relación a un grupo de referencia, dejando muchas veces de lado la importancia de la individualidad, la riqueza de las diferencias humanas.

El tipo de educación impartida continúa siendo prioritariamente *intelectual* (educación patriarcal), en la que los demás aspectos del ser humano son desestimados. Nos interesan más las buenas o malas calificaciones que el interés por aprender.

Curiosamente, esta forma de entender la educación parece dar como resultado más insatisfacciones a los docentes y alumnos que resultados positivos. No obstante, y a pesar de todo esto, no abandonamos fácilmente este modelo educativo.

En la actualidad está sucediendo algo insólito en nuestra sociedad. Aunque llevemos mucho tiempo perpetuando una "educación obsoleta", ahora tenemos la suerte de que nuestros alumnos se resisten a aceptarla. Los profesores encuentran cada vez más dificultades y conflictos en sus aulas, a los que nunca antes tuvieron que hacer frente. De alguna manera es como si dentro de las aulas se estuviera gestando una especie de revolución que viene a poner en duda los pilares que, hasta la fecha, han servido de sostén a nuestro sistema educativo actual.

Pero entonces, ¿qué tipo de valores deberían primar en la práctica educativa? ... ¿Dónde deberíamos invertir toda nuestra fuerza y energía?

Quizás ha llegado la hora de tomar conciencia de la necesidad de una educación afectiva e interpersonal, una educación de nuestra capacidad amorosa, que es la base de la buena convivencia y la participación en la comunidad.

Necesitamos una "escuela viva" que ayude a los chavales a conocerse a sí mismos; a descubrir lo que les gusta y para lo que son muy buenos; a saber manejar sus emociones y las de los demás; y a prevenir y resolver posibles conflictos que surjan en su vida.

Paradójicamente, la mayoría de nosotros no tuvimos la oportunidad de aprender en nuestros hogares y escuelas la lección más valiosa, aquella que enseña a amarnos a nosotros mismos así como a aquellos que nos rodean.

Es imposible pretender un mundo mejor si estas premisas básicas no son atendidas. Es imposible pretender una correcta educación cívica, para la salud, para el desarrollo sostenible o de cualquier otro tipo, si el fundamento no se encuentra en nuestra capacidad amorosa hacia nosotros y nuestro entorno.

El amor hacia nosotros mismos va de la mano de la aceptación de lo que somos, de nuestra capacidad de asumir nuestras fortalezas y debilidades, con la mirada benevolente de una madre hacia su pequeño. Se trata de aceptar lo que somos y, desde este lugar, dirigirnos hacia donde soñamos.

1. Atención plena o mindfulness

> «Cuando dices "sí" a la vida tal como es, cuando aceptas este momento como es, puedes sentir dentro de ti un espacio profundamente pacífico.
>
> »El "sí a lo que es" revela una dimensión de profundidad en ti que no depende ni de las condiciones externas ni de la condición interna de los pensamientos y emociones en constante fluctuación.»
>
> ECKART TOLLE

Al escuchar el término anglosajón "mindfulness" se puede entender que de lo que trata es de tener la "mente llena", como su traducción literal señala. Y esto es precisamente: sentir la mente llena de la experiencia del momento que estamos viviendo (en vez de mantenerla atestada con la dispersión y el "ruido mental" que solemos tener; como si de una cascada constante y descontrolada de pensamientos, deseos, imágenes, etcétera, se tratara).

Al revisar todo lo que se ha escrito sobre mindfulness, se evidencia que no existe una traducción literal al español de este término. Entre las expresiones más utilizadas aparece el propio término "mindfulness", o las traducciones "atención plena" o "conciencia plena". En este texto utilizaremos principalmente "atención plena" pues nos parece el término más adecuado para designar la práctica.

Este concepto hace referencia a un estado de conciencia que se puede desarrollar a través de distintas técnicas meditativas. Sobre su origen, algunos autores lo sitúan en la tradición budista aunque, para otros, la raíz de la práctica de la meditación es anterior al propio Buda.

Como señala Kabat-Zinn (1990), una de sus mayores ventajas es que su práctica no depende de ninguna ideología ni creencia específica, por lo que sus beneficios son accesibles para cualquiera que quiera probarlos.

No cabe duda de que el interés por esta práctica está aumentando progresivamente en todo el mundo (sobre todo en el mundo occidental). Cada vez surgen más publicaciones, investigaciones y experiencias en torno al aprendizaje y los beneficios de llevar una vida consciente.

Con el paso de los años, la investigación se ha centrado en el estudio de la eficacia de la atención plena en el tratamiento de muchos trastornos. Este proceso ha generado un cuerpo teórico del que han surgido enfoques y modelos prácticos que tratan de explicar la efectividad de la meditación más allá de sus efectos relajantes.

Entre los beneficios directos e indirectos de la práctica de la atención plena sobre la salud destacan: la reducción del estrés, del dolor crónico, de trastornos psicológicos y de los patrones mentales de evitación experiencial y rumiación; la mejora del sistema inmune y de cuadros de enfermedades crónicas; el aprendizaje de afrontamientos más eficaces y la aceptación de la incertidumbre creadora; la generación de un estado de equilibrio emocional relacionados con el bienestar, la relajación y la calma, etcétera.

Aproximación al término "mindfulness"

Tratar de definir algo que es fundamentalmente "experiencia" puede resultar erróneo, porque un concepto mental nunca va a recoger el significado real de lo que es el estado mindfulness. Sin embargo, para poder saber en qué consiste y cómo se aprende a desarrollar dicha conciencia, se necesita una aproximación conceptual y teórica a dicha práctica.

Al hablar de mindfulness nos referimos a una práctica milenaria que consiste en: *La atención mantenida y no valorativa sobre la experiencia tal y como es en el momento presente, sin juzgarla, sin evaluarla y sin reaccionar a ella.*

Esta definición integra elementos clave para la comprensión de lo que es la atención plena: *experimentar el momento presente con todos los sentidos y habilidades, sin perseguir ningún otro objetivo.*

Mantener la atención en la experiencia presente o estado mindfulness también implica observar los procesos y estados mentales perceptibles, las emociones, los pensamientos e imágenes que son el contenido de la mente en ese momento.

Puede resultar obvio decir que todo el mundo sabe que está en el momento presente. No obstante, una cosa es saberlo y otra es estar plenamente en él.

Si alguien se detiene un instante, a lo mejor puede descubrir que está haciendo una tarea mientras mentalmente está en otra cosa. También puede suceder que alguien se sorprenda al final del día al darse cuenta de que ha pasado la jornada y apenas ha estado "presente" en lo que ha hecho. Esto es lo que se llama "estar con el piloto automático". Un resorte que todos tenemos instalado y con el que nos movemos guiados por creencias y hábitos que reproducimos de forma inconsciente.

Cuando esta persona va como un "autómata" de tarea en tarea, tiende a adelantarse a lo que, en teoría, vendría después, o a centrarse en asuntos pendientes u otros temas que nada tienen que ver con lo que está haciendo ahora. Automatizar procesos puede tener algunas ventajas (economía del tiempo, agilidad mental, desarrollo de aptitudes, etcétera), pero también serios inconvenientes (desconexión con la realidad, errores o accidentes por estar despistados, exceso de rendimiento del sistema nervioso, estrés, etcétera).

Por tanto, es muy saludable saber desconectar este "piloto automático" y activar el "piloto manual"; es decir, saber pasar de los automatismos inconscientes a dirigir la atención consciente al momento que estoy viviendo. Y de esto, precisamente, trata el programa de entrenamiento que se presenta en este libro.

Funciones de la conciencia plena: tomar conciencia y dirigir la atención

> «Cada momento de experiencia vivida plenamente es una experiencia de libertad personal.»
>
> JOHN KABAT-ZINN

El estado de atención plena o mindfulness tiene dos funciones complementarias:

- Informar sobre lo que está sucediendo en el campo perceptual. Es decir, nos advierte de *lo que está presente en nuestra mente* en cada momento.
- Informar sobre qué es lo *que debe estar presente en la mente de acuerdo al contexto* de la situación presente.

Peter Harvey (1998) describe en el siguiente ejemplo estas dos funciones de la atención plena: «Cuando uno trata de concentrarse en la sensación de contacto del aire inspirado y espirado durante la observación de la respiración (meditación en la respiración), a menudo la persona se puede encontrar perdida en alguna fantasía o distracción. En el momento en el que se "da cuenta" de que está distraída, está desarrollando la primera función. Inmediatamente después, la persona es consciente de que la actividad que debe estar realizando no es la de percibir fantasías o distracciones, sino la de enfocar su atención en el proceso de la respiración descrito. En este momento se da la segunda función, la de "recordar" a la persona qué es lo que se supone que "debe estar haciendo".

En la vida cotidiana surgen múltiples situaciones que pueden ilustrar las dos funciones principales de mindfulness que se acaban de presentar. Un ejemplo muy común: una pareja está hablando entre sí y, en teoría, deben estar atentos a lo que uno dice al otro. En un momento dado, uno de ellos "se desconecta" de la conversación (le surge un pensamiento sobre otra cosa, oye un ruido que llama su atención, recuerda algo o siente un escalofrío en su cuerpo); al darse cuenta de que se ha distraído y ha dejado de escuchar lo que dice su pareja, esa persona puede elegir entre quedarse atrapado mentalmente en sus pensamientos, sentimientos y sensaciones o, siendo ya consciente de ellos, volver a dirigir toda su atención a la conversación que está manteniendo en ese momento (ya no "en teoría" sino "en la práctica").

Componentes de mindfulness

Las dos funciones descritas anteriormente (tomar conciencia y dirigir la atención) tienen mucho que ver con los componentes clave de mindfulness que se han identificado:

- **Mantener la atención en la experiencia presente: la autorregulación de la atención.** Por una parte, se trata de *observar* manteniendo una atención sostenida. Y, por otro lado, se trata de desarrollar la habilidad de regresar a la experiencia cuando la mente se distrae. Por tanto, de lo que se trata es de lograr una aproximación experiencial a los pensamientos, sentimientos y sensaciones que surgen, lo cual llevará a una persona a *actuar con conciencia.*

- **Mantener una actitud de curiosidad, apertura y aceptación hacia la propia experiencia.** Esta actitud facilitará la orientación deliberada de la atención a lo que se está viviendo, independientemente de la naturaleza de dicha experiencia. Es decir, en vez de juzgar la experiencia interna que se observa (por ejemplo, si lo que se piensa o se siente es agradable o desagradable), se tratará de *describir* dicha experiencia y de dejarla pasar. En conclusión, en lugar de quedarse enganchado a la experiencia interna y reaccionar a ella de forma no consciente, se trata de describirla, de *aceptarla tal y como es,* y de dejarla pasar para seguir siendo el observador consciente del momento presente.

Cuando se habla de *observar,* de lo que se trata es de convertirse en un "observador participativo", ya que no es una observación distanciada o ajena a la realidad presente. Por el contrario, la observación debe implicar la atención a la propia mente y al cuerpo.

La atención plena se cultiva asumiendo la postura de "testigos imparciales" de nuestra propia experiencia. Por eso, otro de sus componentes es no juzgar la experiencia. Cuando se es consciente del constante flujo de juicios y de reacciones a experiencias, tanto internas como externas, se gana libertad frente a la experiencia.

Al comenzar la práctica de la atención plena suele sorprender cómo se evidencia esa costumbre de categorizar y juzgar la experiencia. Este hábito limita a la persona a moverse a través de reacciones mecánicas de las que ni siquiera es consciente. Por eso, es importante que la práctica facilite el "darse cuenta" de esta "tendencia enjuiciadora" y, en vez de dejarse llevar de nuevo por ella, se pueda elegir conscientemente ser "el observador" del ir y venir de esos juicios. Una vez que se es consciente de esto, se puede establecer una relación nueva con el objeto de la atención.

No hay que olvidar que el estado de atención plena o mindfulness también facilita la toma de perspectivas nuevas. Mantener una actitud de curiosidad, apertura y aceptación hacia la propia experiencia permite a una persona dejar de dar respuestas condicionadas por sus patrones de pensamientos recurrentes; patrones que tienden a perpetuarse y que le suelen alejar de la experiencia inmediata.

Por todo lo expuesto anteriormente, la práctica de la atención plena, sin lugar a dudas, nos ayuda a trabajar la aceptación emocional en contextos educativos y terapéuticos, ya que mindfulness es el resultado de combinar la atención al momento presente junto con una actitud no valorativa que implica curiosidad y aceptación.

Habilidades aprendidas o reforzadas con la práctica de mindfulness

Las principales habilidades que se desarrollan con la práctica de la atención plena son las siguientes: *no esforzarse, dejar pasar, estar en el presente, darse cuenta, la concentración, el descentramiento y la autocompasión.*

No esforzarse en alcanzar una meta

En el momento en que se utiliza mindfulness como un objetivo, o como un medio para algo, deja de ser mindfulness, porque se está dejando de meditar. Por paradójico que pueda parecer, meditar es "no hacer". Por eso, cualquier esfuerzo por conseguir que la meditación tenga una finalidad no es más que un pensamiento que está entorpeciendo la atención plena. Si se medita buscando relajación, la mente está en otro sitio (en relajarse), en lugar de en el cuerpo o en la respiración. Esta actitud de logro de un objetivo socava el cultivo de la atención plena. La mejor manera de conseguir objetivos en mindfulness es la de huir de esforzarse por conseguir resultados y aceptar las cosas como son.

Dejar pasar (ceder = rendirse a la realidad)

Consiste en no dejarse atrapar por ningún pensamiento, deseo, sentimiento o sensación; en no apegarse ni identificarse con ellos. Cada momento de experiencia vivida plenamente es una práctica liberadora de desapego; lo que significa no ser esclavo de ciclos recurrentes inútiles. En este sentido, ceder a la realidad es una forma de dejar las cosas tal y como son y aceptarlas así. Cabe mencionar que esta una de las habilidades en las que, generalmente, las personas muestran más dificultades. Quizás debido a esa tendencia a aceptar determinados aspectos de la experiencia y a rechazar otros, según se valoren. La práctica de "soltar" es una experiencia real de desapego que no siempre resulta sencilla de hacer.

Estar en el momento presente ("en el aquí y en el ahora")

Aunque esta habilidad ya se ha descrito extensamente es importante saber centrarse en el momento presente, en lugar de estar pendiente del pasado (rumiaciones) o del futuro (expectativas, deseos y miedos). La atención plena siempre se da "en el aquí y en el ahora". Sin duda alguna, el estado mindfulness fortalece el aprendizaje de permanecer conectado a la experiencia presente.

Darse cuenta

La atención plena permite ser consciente de la experiencia en el aquí y en el ahora. Así, se pueden identificar el estado de la mente (agitada o en calma) y su contenido (pensamientos, sentimientos y sensaciones físicas). Para poder abandonar patrones mentales ineficaces, primero hay que ser conscientes de ellos. Darse cuenta es una habilidad que también facilita el cambio de un modo de pensamiento y afrontamiento de tareas basado en la consecución de metas (es decir, que lo importante es lograr los resultados deseados), a otro enfoque más centrado en el continuo presente (es decir, que lo importante no es el resultado que se alcanzará, sino el proceso a través del cual se puede lograr lo que se desea).

Concentración

La concentración es la fijación de la mente. Se trata de centrar y mantener la atención en un solo foco (objeto de atención). De esta manera, la atención está focalizada en algo concreto, en lugar de dispersarse y fragmentarse.

Descentramiento

Es convertirse en "el observador" que es consciente y toma perspectiva de los pensamientos, emociones y sensaciones físicas que están en la mente en el momento presente.

Autocompasión

La compasión se produce cuando "el corazón se estremece como respuesta" al sufrimiento de otro, dando origen al deseo de aliviar ese sufrimiento. Cuando estamos sufriendo y sentimos el impulso de ayudarnos a nosotros mismos estamos experimentando la autocompasión. La amabilidad con uno mismo es lo contrario de juzgarse uno mismo. La práctica de mindfulness o atención plena lleva con frecuencia a la autocompasión, implantando sentimientos de simpatía, perdón, ternura y amor.

Actitudes básicas para iniciar la práctica

> «La consecución de la integridad con uno mismo requiere que uno ponga en juego su propio ser. Nada inferior servirá de nada. Imposible conceder condiciones más fáciles ni sustitutivos ni compromisos.»
>
> C. G. JUNG

Estas actitudes deben ser cultivadas en cada práctica, porque todas ellas constituyen la base de la meditación.

Las actitudes básicas para una práctica sólida de la atención plena son: *la paciencia, la confianza, la curiosidad, la mente de principiante, vivir la experiencia ("desconectar el piloto automático"), la aceptación de la realidad, y el compromiso con la práctica.*

La paciencia

La paciencia es una actitud que permite al ser humano soportar cualquier contratiempo o dificultad. Por un lado, demuestra que se comprende y acepta el hecho de que las cosas sucedan a su debido tiempo. Y, por otro lado, posibilita captar lo errática que puede llegar a ser la mente, con su tendencia a la dispersión y a estar agitada. La práctica de la paciencia recuerda que este momento no se tiene que llenar de actividad e ideas para que se enriquezca. Tener paciencia consiste, sencillamente, en estar totalmente abierto a cada momento, aceptándolo tal y como es, y dar espacio para que las cosas sucedan, sin esperar nada en concreto.

La confianza

El desarrollo de una confianza básica en uno mismo y en lo que siente es fundamental para el entrenamiento de la atención plena. Al practicar mindfulness, también se asume la responsabilidad de ser uno mismo, de aprender a escuchar al propio ser y de confiar en la misma práctica. La confianza se verá más o menos reforzada en la medida en que se active la atención plena y uno se familiarice con su propia experiencia (independientemente de si cumple o no sus expectativas personales).

La curiosidad

Es la apertura personal a explorar y experimentar a través de los sentidos y las percepciones. La curiosidad es una actitud fundamental en la práctica de la atención plena, ya que promueve el interés y la motivación a vivir cada experiencia de forma consciente. Tener curiosidad provoca el acercamiento a la realidad con la única intención de descubrirla tal y como es.

La mente de principiante (un constante aprendiz)

Para ser conscientes de la riqueza del momento presente, el estado mindfulness implica generar lo que se llama "la mente de principiante"; es decir, mostrar una actitud mental de estar dispuesto a ver las cosas como si fuera la primera vez que se experimentan. Aunque, en el día a día, se hace uso de todo el bagaje acumulado de conocimientos y experiencias, vivir en estado mindfulness significa estar abiertos a nuevas posibilidades. Esto se concreta en mostrar una actitud de apertura a lo sorprendente que puede llegar a ser el momento presente; momento totalmente nuevo, desconocido y no controlado con anterioridad. Es importante recordar que cada momento es vivido por primera vez.

Vivir la experiencia ("desconectar el piloto automático")

Se trata de poner todo el foco de atención en la experiencia presente.

Como ya se ha comentado, es un mecanismo por el cual las personas van y actúan como "autómatas" en muchos momentos y actividades de la vida cotidiana, sin ser realmente conscientes del estado y contenido de su mente ni de lo que están haciendo en ese instante.

El entrenamiento va enfocado a aumentar la conciencia de este tipo de estados.

La aceptación de la experiencia

La aceptación significa ver las cosas tal como son en el presente, desde una perspectiva más amplia. La aceptación no quiere decir que la experiencia tenga que gustarle a alguien. Tampoco significa que tenga que adoptar una postura pasiva hacia todo o abandonar los principios y valores personales. Aceptar no significa tener que estar satisfecho con las cosas como son, o resignarse y tolerar las cosas porque "tiene que ser así". De lo que se trata es de estar receptivos, en vez de centrados en las ideas previas sobre lo que se debería sentir o pensar en cada situación. Nadie puede experimentar plenamente algo que, en el fondo, desea que sea diferente. Solo aceptando las cosas tal como son, alguien puede plantearse hacer algo para mejorarlas o eliminarlas.

El compromiso con la práctica

Del mismo modo que se cuida el cuerpo, se debe cuidar la mente. Para mantener un estado saludable se entrena al cuerpo en una variedad enorme de entrenamientos psicofísicos, en instalaciones deportivas, de salud y de ocio. Pero ¿y qué pasa con la mente? Igual que el cuerpo, la mente precisa una rutina de entrenamiento para mantener estados mentales saludables. Cabría pensar que, con el ritmo de vida que se lleva, la práctica puntual en tareas de la vida cotidiana sería suficiente para desarrollar la actitud y las habilidades de la atención plena. Sin embargo, existe un consenso a la hora de señalar que es necesaria una sólida práctica de la meditación en el día a día. En concreto, es imprescindible: a) un compromiso personal con la práctica y con trabajar con uno mismo de forma habitual, y b) autodisciplina y reorganización de las prioridades, estilo de vida, planificación del tiempo, etcétera, dedicando un tiempo diario y constante a meditar, asumiendo los esfuerzos y obstáculos que se puedan presentar en el camino.

Efectos positivos de la práctica de mindfulness

> «La manera en que centramos la atención contribuye a modelar la mente. Cuando desarrollamos una forma concreta de atender a las experiencias del aquí y el ahora y a la propia naturaleza de la mente, creamos la forma especial de atención que es Mindfulness.»
>
> D. J. Siegel

Son muchos los estudios que evidencian los beneficios del mindfulness. Entre ellos destacan: una mejoría del funcionamiento del organismo y de la sensación de bienestar físico; el aumento de pautas cognitivas reflexivas; el desarrollo de la capacidad de regular las emociones y de generar relaciones personales mejores gracias al desarrollo de la empatía y la compasión.

Empatía y compasión

La práctica de mindfulness está estrechamente ligada al desarrollo de la empatía, es decir, esa comprensión que nace cuando alguien se pone en el lugar de otra persona e identifica lo que puede estar sintiendo. Entonces se crea una relación empática que ayuda a entender cómo se sienten los demás en un momento dado. No obstante, la compasión va más allá que la empatía. Es quizás la emoción "más humana" porque despierta en nosotros el deseo de ayudar o consolar a la persona que sentimos que sufre de algún modo. Y en este sentido, vivir con conciencia plena facilita el acercamiento al sufrimiento ajeno desde una perspectiva más amplia –percibiéndolo con "ojos nuevos"– y también activa conductas de respuesta a las necesidades de los demás. Son muchas las evidencias que relacionan, sobre todo en el ámbito terapéutico, la meditación con el desarrollo de la empatía y la compasión.

Exposición *versus* evitación de la experiencia

Cuando alguien es capaz de observar lo que está experimentando sin juzgarlo, se reducen las sensaciones de malestar que esa persona asocia mentalmente a un estado físico o emocional concreto. En este sentido, mindfulness implica la disminución de la reactividad emocional, ya que en vez de escapar o evitar las sensaciones que puedan resultar desagradables, esa persona se aproxima a la experiencia, tal y como es, con curiosidad y aceptación.

En el caso de personas con trastorno de personalidad límite, mindfulness ayuda a tolerar y afrontar adecuadamente estados emocionales relacionados, por ejemplo, con graves fobias que implican conductas de evitación o de huida.

En conclusión, la práctica del mindfulness ayuda a tolerar los estados emocionales negativos y permite un afrontamiento adecuado.

Un cambio cognitivo

La práctica del mindfulness también lleva a descubrir que los pensamientos no son necesariamente "pruebas de realidad". Por eso, al no ser siempre reales no tienen por qué implicar conductas de escape o evitación de la experiencia.

Cuando alguien entrena su atención plena comienza a darse cuenta cómo y cuándo se activan los patrones de pensamiento disfuncional que se han aprendido. En ese momento se pueden vencer los automatismos que están instalados y aprender a dirigir la atención a otros aspectos del momento presente.

Afrontamiento eficaz e incertidumbre creadora

Reconocer a tiempo los primeros signos de un problema permite un afrontamiento más eficaz de este. Asimismo, observar las consecuencias del comportamiento hace más probable el cambio conductual.

Cuando alguien entrena su capacidad de concentración puede iniciar y terminar tareas complejas, aunque frecuentemente se distrajera en su ejecución a causa de estados emocionales intensos.

Aceptación de la realidad y cambio

En psicología clínica suele sobrestimarse la modificación de los síntomas sin reconocer la importancia de su "aceptación". Como es sabido, la relación entre aceptación y cambio es un aspecto esencial de la psicoterapia. No cabe ninguna duda de que la racionalización de un problema es necesaria. No obstante, experimentar y aceptar las sensaciones y emociones que suceden es esencial para la regulación emocional.

Al dirigir la atención a la experiencia inmediata, no solo se autorregula la atención, sino que también se elimina la tendencia a la intrusión cognitiva y a la rumiación o preocupación excesiva.

Equilibrio emocional (bienestar, relajación y calma)

Mindfulness no busca la relajación. Sin embargo, es un efecto de la práctica de la atención plena, aunque dicha atención verse sobre fenómenos en principio incompatibles con la relajación. Es decir, mindfulness genera una combinación única de estar en calma y en estado de alerta simultáneamente.

Otros beneficios sobre la salud

Entre todos los beneficios para la salud destacan: la reducción del estrés, del dolor crónico y de trastornos psicológicos, y la mejora del sistema inmune y de cuadros de enfermedades crónicas.

Algunas investigaciones sobre el dolor crónico muestran mejoras significativas en síntomas físicos y psicológicos. Alguna de estas mejoras se mantienen a lo largo del tiempo. En conclusión, observar sensaciones dolorosas sin juzgarlas reduce el malestar asociado al dolor.

Cada vez más se están desarrollando intervenciones en el tratamiento de gran variedad de trastornos psicológicos, como la ansiedad, la depresión, trastornos de la alimentación y psicosis, con mejoras clínicas significativas.

Del mismo modo, mindfulness se está aplicando en personas con trastornos médicos como fibromialgia, psoriasis o cáncer. Investigaciones recientes reflejan que el entrenamiento en mindfulness lleva asociado mejoras en síntomas afectivos.

Determinados estudios sobre poblaciones no clínicas reflejan mejoras en la función inmune, reducción en el nivel de estrés y mayor bienestar psicológico.

Equilibrio emocional

Además de favorecer estados de ánimo positivos y actitudes de aproximación frente a las de evitación, mindfulness genera patrones de actividad asociados a una disposición afectiva positiva, a una mayor reactividad a estímulos emocionales positivos y a un mejor afrontamiento de estados de ánimo negativos.

Mindfulness posibilita que determinadas actividades (emociones, cambios fisiológicos, etcétera) que operan de forma autónoma (sistema nervioso autónomo) se regulen de acuerdo con sus propios sistemas de autorregulación.

En conclusión, se genera un estado de *bienestar eudaimónico,* centrado en el afecto positivo, autoaceptación, altos niveles de autonomía y control del ambiente, y existencia de un sentido vital, de un propósito en la vida.

Aplicaciones del mindfulness en contextos terapéuticos

Mindfulness está muy relacionado con la denominada "tercera generación de terapias cognitivo-conductuales", con el matiz esencial de que adopta una perspectiva más experiencial y opta por estrategias de cambio de carácter indirecto (a diferencia de la primera y segunda generación de terapias). Es decir, que las terapias de tercera generación, como pudiera ser mindfulness, subrayan la importancia de mejorar la relación con nuestra experiencia interna, más que tratar de eliminar o modificar dicha experiencia. Además, sus principios podrían dirigirse a la población en general y no limitarse a la población clínica.

Entre las aplicaciones del mindfulness en el ámbito terapéutico pueden mencionarse el *MBSR – Reducción del estrés basada en la atención plena* (Kabat-Zinn, 1990); *MBCT - Terapia cognitiva basada en mindfulness* (Segal, Williams y Teasdale, 2002); *ACT - Terapia de aceptación y compromiso* (Hayes, 2004) o el *DBT - Terapia dialéctica conductual* (Linehan, 1993).

2. Inteligencia emocional

> «Permitirnos y permitir la vivencia íntima de las emociones en un contexto adecuado, y aprender y enseñar las socializadas cuando son éstas las que mejor contribuyen al bienestar propio y el de la sociedad.»
>
> GIMENO-BAYON (1996, pág.117)

Las emociones: qué son y para qué sirven

> «¿Qué es una emoción? Es muchas cosas a la vez, es un estado de alerta comportamental, que varía desde el sueño profundo hasta la actividad intensa, es también un estado fisiológico (o corporal) que puede medirse por medios físicos de varias clases. Al mismo tiempo es una experiencia (algo que sentimos) y una expresión (algo que mostramos en nuestra postura y en nuestra expresión facial). Finalmente [...] es una fuerza motivadora que determina las cosas por las cuales luchamos o las que tratamos de evitar.» [MORGAN, 1969.]

Aparentemente nos encontramos ante un concepto sencillo. Todos imaginamos de qué hablamos cuando nos referimos a las emociones, pero ¿es esto cierto? ¿Realmente existe una definición universalmente válida para la emoción?

La respuesta es negativa: no hay definición común aceptada sobre este término.

En la actualidad, los teóricos de la emoción insisten en la necesidad de aproximarnos al concepto desde múltiples dimensiones. Las emociones son reacciones complejas en las que se ven mezcladas tanto la mente como el cuerpo.

La respuesta emocional, de este modo, incluye tres tipos de respuestas: *un estado mental subjetivo* (por ejemplo, me siento bien o mal), *un impulso a actuar* que puede expresarse o no de forma abierta (por ejemplo, aproximación, evitación o llanto), y *cambios corporales* o respuestas de tipo fisiológico (por ejemplo, sudoración o ritmo cardiaco).

Para conocer un poco más sobre las emociones y su estudio diremos que la investigación ha estado dominada por dos tradiciones en torno a la organización de las emociones: el modelo discreto y el modelo dimensional.

- Desde el ***modelo discreto*** se defiende la existencia de un conjunto de estados afectivos discretos y específicos, que son fácilmente reconocibles y fundamentalmente distintos unos de otros. No hay acuerdo sobre el número de emociones y las interrelaciones son sistemáticas. No obstante, parece existir un grupo básico de emociones sobre las que se estructurarían el resto. Nos referimos a las emociones básicas: miedo o ansiedad, ira, tristeza, alegría, sorpresa y asco.

- Desde el ***modelo dimensional*** se defiende que el espacio emocional en su totalidad queda definido sobre un número menor de dimensiones generales no específicas. Estas dimensiones serían: *la valencia afectiva* (definir algo como agradable o desagradable); *el arousal o activación* (desde la excitación hasta la calma), y *la dominancia o control* (desde lo controlable hasta lo incontrolable). Según este modelo, una respuesta de alegría extrema sería clasificada como agradable, con alto grado de excitación e incontrolable, por parte de la persona que la experimenta.

Funciones de las emociones

Independientemente de cómo definamos las emociones, parece básico conocer su significado en nuestro entorno social; sobre todo si sirven a algún objetivo concreto o si pueden ser modificadas para lograr determinadas metas.

En primer lugar, las emociones ***nos ayudan a transmitir cómo nos sentimos.*** Constituyen un medio no verbal y bastante efectivo de comunicación. Sirva de ejemplo cómo los niños, carentes de recursos verbales, comunican a sus padres de manera precisa sus necesidades a través de la expresión de sus estados emocionales.

Al mismo tiempo, la emoción ***sirve para regular el comportamiento de los demás.*** Así como el lenguaje es un instrumento útil para lograr que otros individuos respondan a nuestras demandas, la emoción es un instrumento imprescindible para el mismo fin. A pesar de ello, no siempre a través de las emociones logramos que otros individuos lleven a cabo las acciones que deseamos. Así, en ocasiones, al expresar tristeza, lejos de encontrar apoyo, observamos sorprendidos cómo nuestros allegados parecen alejarse de nosotros. La razón de este hecho reside en que la emoción puede constituir a veces una amenaza para el receptor; para todos es más agradable estar cerca de aquellas personas cuyo estado de ánimo es positivo.

La emoción, sin duda, ***facilita la interacción social.*** Una de las pruebas más claras se produce a través de la sonrisa, que ha sido definida como un "imán social". Sin duda, cuando una persona nos sonríe nos invita a mantener contacto con ella.

Quizás una de las funciones más importantes de la emoción resida en su ***papel fundamental a la hora de percibir nuestro entorno.*** En la actualidad, parece claro que la realidad depende de la persona que la evalúa. Y cada individuo percibe el medio en función de sus intereses y formas particulares de interpretar el mundo; incluso un mismo individuo puede contemplar su entorno de manera distinta en días diferentes. Esto es curioso porque, a pesar de que la realidad no experimenta grandes cambios de un día para otro, la misma persona puede sentirse muy esperanzada un día y al siguiente percibir que su vida es muy complicada. Por tanto, es clave el estado de ánimo del individuo a la hora de analizar su entorno.

La principal aportación de Leslie Greenberg (1996, 2000) es la distinción y aplicación entre **emociones primarias** (las primeras que experimentamos ante un estímulo y que pueden ser adaptativas o desadaptativas), **emociones secundarias** y **emociones instrumentales.** Desde su modelo, además de poder distinguir las emociones, podemos comprender algo más sobre su función, así como si estas resultan saludables para el individuo que las experimenta.

La *emoción primaria adaptativa* es una emoción básica, una respuesta fundamental y visceral. Llega y se va con rapidez. Es saludable y muy valiosa. Llegar a ella es esencial para nuestra salud. Por ejemplo: cuando noto la lejanía de un ser querido y siento tristeza o cuando me ascienden en el trabajo y siento alegría.

La *emoción primaria desadaptativa* sigue siendo básica y primaria, pero en este caso no es saludable. Se basa en un aprendizaje previo. Puede llegar a perdurar mucho en el tiempo (aun sin existir la causa que la produjo). Por ejemplo: cuando siento una tristeza profunda arrastrada durante mucho tiempo.

Más interesante resulta lo que denomina *emoción secundaria*. Es aquella emoción que surge a consecuencia de otra emoción. Suele ocurrir cuando las emociones centrales se ocultan, no se perciben o no son aceptadas. La emociones secundarias ocultan lo que estamos sintiendo, suelen ser problemáticas y es frecuente que deseemos eliminarlas. Por ejemplo: un hombre educado en la premisa "los niños no lloran" nota que su pareja se aleja de él (lo adaptativo es sentir tristeza ante esa pérdida), pero no se permite estar triste y, a consecuencia de ello, le produce enfado y se cabrea (emoción secundaria).

Finalmente, la *emoción instrumental* se refiere a aquella emoción expresada consciente y automáticamente para conseguir una meta. Aprendemos a utilizarlas por los beneficios que pueden llegar a aportarnos. Son emociones que sirven para manipular, aunque no solemos ser conscientes de haberlas aprendido. No suelen ser saludables. Si se usan con frecuencia, pueden provocar que las personas se alejen de nosotros. Por ejemplo: el llanto infantil para conseguir nuestras metas.

Desde esta perspectiva sería esencial reconocer el tipo de emoción que estamos sintiendo, así como aprender a consolidar los sentimientos centrales y adaptativos, que son los saludables.

De la distorsión a la madurez emocional

Cuando el individuo experimenta dificultades a nivel emocional pueden surgir toda una serie de **distorsiones emocionales** que pueden abarcar desde estados de falta de conciencia muy severos, hasta llegar a manipular el estado emocional para obtener objetivos concretos.

Por eso es posible que una persona:

- **... No tenga consciencia de las sensaciones.** Como ya hemos visto, las emociones se reflejan en el cuerpo y es posible que un individuo sea incapaz de detectar estas señales cuando suceden.

- **No tenga consciencia de las emociones.** En este caso, el nivel emotivo se desvía hacia otros niveles, como hacia la agitación física o mental o la somatización de la emoción.
- **No exprese las emociones.** La no expresión de las emociones tiene serias consecuencias sobre la salud física y psicológica de los individuos. En el caso más extremo estaríamos ante una persona con *alexitimia* o incapacidad para identificar y expresar emociones.
- **No actúe según sus emociones.** En este caso, el individuo es capaz de identificar sus emociones e incluso puede expresarlas, pero tiene dificultades a la hora de actuar según sus estados emocionales.
- **Se descontrole.** Lo que ocurre es que la persona actúa de manera desproporcionada, destructiva o inadecuada al contexto.
- **Se retrotraiga a alguna situación emocional no superada del pasado.** La persona responde a una situación como si se tratara de una situación ya vivida y no integrada a nivel emocional. Algunas intervenciones terapéuticas consisten precisamente en tratar de recuperar estos eventos, a fin de que el individuo sea capaz de integrarlos adecuadamente.
- **Busque sensaciones que generen emociones manipuladoras o mediante las cuales obtenga una ganancia secundaria.** En estos casos, los síntomas se convierten en estrategias de "autoincapacitación" que mantienen a la persona anclada precisamente en sus dificultades. Así, esta persona no asume responsabilidades porque

se siente ansiosa, y, precisamente, dicho problema se resolvería asumiendo sus responsabilidades.

Sin embargo, cuando una persona ha madurado emocionalmente, su experiencia emocional empieza a tornarse útil para tomar decisiones acertadas en su vida. En este momento, las emociones se convierten en una señal adecuada para guiarnos en la vida.

Entonces, **la madurez emocional** de una persona implicaría:

- **Ser consciente de las propias emociones y la capacidad de aceptarlas como positivas en sí mismas.** Tanto las emociones positivas como las negativas cumplen una función adaptativa, y ser capaz de acogerlas redunda en un mayor beneficio para el individuo.
- **Amplitud de la experiencia emocional**. Ya no se limita a las emociones básicas. La experiencia emocional es compleja, ya que emociones de distinta valencia pueden ser activadas ante una misma situación.
- **Distinguir claramente entre "sentir" una emoción, "expresarla" y "actuarla".** El autocontrol emocional no reside ni en negar lo que sentimos ni en dejarnos secuestrar por dicha experiencia. La madurez emocional se da cuando acogemos sin excepción todas las emociones que experimentamos y respondemos a ellas de la forma que sea más adecuada a cada situación.

Reducir la vulnerabilidad emocional

Hay una serie de recomendaciones muy básicas que por sí solas podrían redundar en un mayor bienestar emocional (aunque muchas de estas pautas suelen ser indicativas de que la persona ya ha obtenido cierto equilibrio personal). Nos referimos a las siguientes:

- Dormir bien.
- Realizar ejercicio físico.
- Seguir una dieta saludable.
- Controlar la ingesta de sustancias contraproducentes y drogas.
- Realizar actividades que fomentan nuestra sensación de autoeficacia.

Al mismo tiempo, para lograr un mayor autodominio emocional debemos saber desenvolvernos de forma adecuada en las experiencias emocionales experimentadas, más concretamente:

- **Ser capaces de describir y observar sin valorar las respuestas emocionales.**
  - Identificar el evento que desencadena la emoción (interno o externo).
  - Tomar conciencia de la interpretación que damos a la emoción, así como de la experiencia emocional en sí misma y de la sensación física asociada.

  - Observar los comportamientos a través de los cuales expresamos la emoción.
  - Tomar conciencia de los efectos secundarios que estas emociones tienen en otras áreas de funcionamiento (por ejemplo, efecto en la memoria, el pensamiento y la acción).

- **Dejar pasar las emociones negativas por medio de las habilidades de conciencia.**

  Esto implicaría el no juzgar, inhibir o bloquear una emoción. De todo esto hablaremos con detenimiento más adelante, pues en este punto la atención plena se convierte en una herramienta imprescindible.

- **No llevar a cabo acciones impulsivas que empeoren la situación.**

  En los momentos de malestar intenso solemos sentirnos impulsados a llevar a cabo acciones poco reflexivas que, en último término, vienen a complicar más nuestra situación presente. Por ello, es importante que aprendamos habilidades de tolerancia al malestar.

- **Comprender las funciones que desempeñan las emociones.**

  Más que el *por qué* de una emoción es necesario entender el *para qué* de ese sentimiento. En este sentido debemos saber que:

  - *Las emociones sirven para comunicar a los demás cómo nos sentimos.* En el caso de la comunicación emocional, la expresión no verbal (corporal y facial) tiene especial importancia. Analizar la concordancia entre lo que dice una persona y lo que manifiesta a nivel no verbal al decirlo resulta enormemente revelador. En caso de falta de concordancia entre ambos mensajes suele ser más preciso atender a la comunicación no verbal del individuo, porque nos aporta más información sobre su estado emocional real.

- *Las emociones motivan nuestro comportamiento.* Por eso es tan importante sintonizar con nuestras emociones a fin de que nos indiquen la acción correcta. Los comportamientos impulsivos normalmente son un intento del individuo de no experimentar la emoción que le resulta dolorosa. Pero una verdadera sintonización con la emoción temida nos conduce directamente a un comportamiento más saludable y a ser capaces de restaurar la emoción de forma adaptativa.
- *Las emociones, al ser una respuesta frente a las situaciones y personas que nos rodean, nos ayudan a validar o invalidar las percepciones existentes sobre nuestra situación presente.* Las emociones intensas distorsionan la realidad, pero no todas son producto de la distorsión.

- **Las emociones a corto y largo plazo.**

A corto plazo, se trata de incrementar el número de acontecimientos agradables en la vida de la persona, es decir, amplificar su experiencia positiva. A largo plazo, se trata de fijar metas significativas para el individuo, contemplar la posibilidad de cambiar estilos y formas de vida, afrontar los problemas no resueltos y fijar objetivos valiosos.

- **Transformar las emociones dolorosas por medio de la acción opuesta.**
  Estas acciones serán positivas siempre y cuando partan de una verdadera aceptación y apertura a la emoción primaria sentida. Así, por ejemplo, si aceptamos que nos sentimos tristes, podremos llevar a cabo acciones que impliquen activación emocional o distracción. O en el caso de que sintamos una emoción de culpa no patológica (sustentada en un comportamiento errado), podríamos llevar a cabo acciones que traten de restaurar nuestro comportamiento negativo previo a partir de la aceptación de dicha culpa.
- **La tolerancia al malestar.**
  Aunque aparezca en último lugar es un paso necesario y muy importante para lograr gestionar las emociones de manera exitosa. Una mayor tolerancia al malestar deviene en una disminución de la respuesta impulsiva. El cambio personal solo es posible cuando estamos dispuestos a asumir un dolor o malestar que, por otro lado, son parte de nuestra vida.

Existen muchas estrategias que podríamos llevar a cabo en momentos críticos y que nos permitirían actuar con eficiencia sin acudir a conductas que empeorasen nuestra situación. Sin embargo, hay que tener en cuenta que estas estrategias para superar las crisis no son la cura a los problemas vitales ni tampoco son técnicas de regulación emocional. Nos referimos a algunas de las siguientes, y que implican llevar a cabo actividades distractoras:

- Ayudar a los demás.
- Experimentar sensaciones intensas.
- Proporcionarnos estímulos positivos, utilizando para ello cada uno de los sentidos: vista, oído, olfato, gusto y tacto.
- Tratar de mejorar el momento presente a través de: la imaginación, encontrando significado a la experiencia, practicando la oración, practicando la relajación, viviendo el presente en cada momento, tomándonos unas breves vacaciones, etcétera.
- Darnos ánimo.
- Desarrollo de habilidades de aceptación.
- Entendemos por "buena disposición" aceptar la situación y responder en consonancia, haciendo lo que funciona y resulta más rentable para nosotros.

Por el contrario, la "terquedad" se refiere al hecho de imponer la voluntad de uno sobre la realidad. Sería algo así como entender la vida a modo de una gran partida de cartas en la que no siempre podemos escoger las mejores, pero sí podemos jugar de la manera más beneficiosa.

El dolor es la forma que tiene la naturaleza de indicarnos que algo marcha mal y es necesaria una acción correctora. Sin embargo, entendemos que el sufrimiento es dolor más la no aceptación del dolor, que viene a ser peor que el dolor mismo.

El modelo de habilidades de la inteligencia emocional

Si atendemos a cómo ha ido evolucionando el concepto de "inteligencia", vemos uno de sus principales exponentes en la reciente aparición de la inteligencia emocional, que pone el acento en conectar nuestra parte más emocional con la más racional (Mayer y Salovey, 1993), proponiendo la interacción de ambas como la forma óptima de interactuar con la realidad.

Esta diferenciación entre procesamiento emocional y racional puede encontrar su base en la diferencia que suele hacerse entre hemisferios cerebrales (hemisferio derecho *versus* izquierdo) y cómo cada uno de ellos tiene unas funciones determinadas. Así, el hemisferio izquierdo está más relacionado con las funciones analíticas, reflexivas. Mientras que el derecho se aproxima a la realidad de manera global, emocional e intuitiva. Dando como resultado lo que Epstein denominó *mente experiencial* frente a *mente racional* (Epstein, 1998).

La inteligencia emocional no cuenta actualmente con un consenso claro en cuanto a su definición y componentes, a pesar de que ha sido objeto de estudio desde hace tiempo.

La teoría de Peter Salovey y John Mayer puede considerarse como el primer gran esfuerzo por desarrollar una visión científica del concepto de la Inteligencia Emocional (IE). De hecho, estos dos autores fueron los primeros en mencionar el concepto en un artículo publicado en 1990. Cinco años después, Goleman (1995) difunde este nuevo concepto por todo el mundo con su libro *Inteligencia emocional*, otorgando importancia a la gestión del mundo emocional más allá del concepto de la inteligencia humana basada exclusivamente en aspectos cognitivos e intelectuales.

El modelo de Salovey y Mayer se basa casi exclusivamente en el procesamiento emocional de la información y en el estudio de las capacidades relacionadas con dicho procesamiento.

En este sentido, la IE puede definirse como la habilidad de las personas para atender y percibir los sentimientos de forma apropiada y precisa; la capacidad para asimilarlos y comprenderlos de manera adecuada, y la destreza para regular y modificar nuestro estado de ánimo o el de los demás.

Entendiendo la IE como un conjunto de habilidades emocionales, como señala el modelo recién expuesto, se pueden identificar cuatro grandes componentes: *percepción y expresión emocional, comprensión emocional, facilitación emocional* y *regulación emocional.*

Percepción y expresión emocional

Es la habilidad para reconocer conscientemente nuestras emociones, identificar lo que sentimos y ser capaces de ponerle una etiqueta verbal. Al hablar de percepción se tendrían en cuenta el reconocimiento de las emociones expresadas verbal o gestualmente, con el rostro y el cuerpo, así como ser capaces de distinguir el valor o contenido emocional de un evento o situación social. En cuanto a la expresión emocional puede considerarse un método muy fiable para conocer el grado en que una persona es capaz de percibir estados emocionales en sí mismo y en otras personas.

Comprensión emocional

Es la habilidad para comprender la información emocional que nos llega a partir de nuestros estados afectivos: cómo evolucionan dichos estados en el tiempo y su significado. Para poder comprender los estados emocionales de los demás, primero debemos: comprender nuestros sentimientos, necesidades y deseos; las cosas, personas o situaciones que nos generan determinados sentimientos; los pensamientos que generan dichas emociones, cómo nos afectan y qué consecuencias y reacciones nos provocan. Solo entonces podremos acercarnos con comprensión al mundo emocional del otro.

Facilitación emocional

Es la habilidad para hacer uso de las emociones con el fin de facilitar diferentes procesos cognitivos. La interconexión entre emociones y pensamientos facilita no solo nuestra adaptación al medio, sino que también nos ayuda a razonar de forma más inteligente y tomar mejores decisiones, al saber utilizar las emociones al servicio del pensamiento. Es lo que se conoce como "el escenario emocional de la mente", en el que podemos generar emociones, sentirlas, manipularlas y examinarlas para ser mejor entendidas antes de tomar una decisión. Pero, además, esta habilidad nos ayuda a comprender "la emocionalidad", mientras aprendemos que nuestro estado de ánimo influye en nuestros pensamientos. Si nos detenemos a pensarlo, cuando estamos de buen humor solemos tener pensamientos optimistas, y cuando tenemos mal humor, los pensamientos suelen ser pesimistas. Por tanto, el cambio de humor nos lleva a considerar más posibilidades, más puntos de vista.

Regulación emocional

Es la habilidad para estar receptivo a las emociones, siendo capaz de modularlas (las emociones propias y las de los demás), así como de promover la comprensión y el crecimiento personal, gestionando las emociones positivas y negativas de forma eficaz. (Mas adelante se desarrollará con más detalle los procesos de regulación emocional.)

Esta serie de habilidades no siempre se apoyan unas en otras. Por un lado, para una adecuada regulación emocional es necesaria una adecuada comprensión emocional, y, a su vez, para una comprensión eficaz precisamos una apropiada percepción emocional. Sin embargo, las investigaciones documentan cómo personas con una gran capacidad de percepción emocional pueden carecer a veces de comprensión y regulación emocional, generando mayores índices de ansiedad y depresión, debidos principalmente a una alta capacidad de percibir y atender los estados emocionales propios y ajenos.

En general, el patrón característico de personas con mejores niveles de adaptación psicológica es aquel con puntuaciones moderadas: bajas en atención emocional y altas puntuaciones en claridad y regulación emocional.

En conclusión, al hablar de IE se están relacionando los procesos cognitivos y afectivos, como dos ámbitos de investigación que hasta hace poco tiempo se creían independientes e incluso opuestos. Esta conexión favorecería nuestra adaptación al entorno que nos rodea, apoyándonos tanto en nuestras capacidades intelectuales como en la información que nos llega a partir de nuestros estados afectivos.

3. Descripción del programa inteligencia emocional plena (PINEP)

> «Nos pasamos la vida simulando ser quien no somos para alcanzar nuestros deseos y solo cuando empezamos a rendirnos a lo que somos, el milagro sucede.»
>
> NATALIA RAMOS

Introducción

Durante mucho tiempo hemos pensado que nuestros pensamientos y nuestras emociones nos pedían cosas diferentes; lo que nos ha llevado a tomar decisiones erróneas en muchas ocasiones.

El constructo de IE vino a poner el dedo en la llaga al subrayar que no tenía ningún sentido expulsar de nuestra vida las emociones, sino que más bien había que recuperarlas e integrarlas en la toma de decisiones, como evidencia que nos permitiría una mayor comprensión de nosotros mismos y de los demás y, en último término, nos conduciría a una adecuada regulación de los afectos.

Nosotros creemos que Mindfulness podría ser el eslabón que permitirá conectar en la práctica los aspectos más racionales del individuo con los más emocionales. Así nuestra propuesta es integrar la práctica de Mindfulness o Atención Plena como la manera más certera de potenciar la Inteligencia Emocional.

La Atención Plena, por tanto, será la "herramienta" fundamental para gestionar las emociones que surjan a partir de tu propia experiencia.

Programa de inteligencia emocional plena (PINEP)

Nuestra propuesta para lograr armonizar la mente emocional y la mente racional es incluir la práctica milenaria de la Atención Plena como herramienta potenciadora de la Inteligencia Emocional.

Para el desarrollo de la Inteligencia Emocional hemos elaborado un programa de entrenamiento; *Programa de Inteligencia Emocional Plena, PINEP*. Es un programa que combina la práctica de la Atención Plena con una serie de ejercicios emocionales a los que la persona se enfrenta desde un estado de Atención Plena como estrategia fundamental para gestionar las emociones que suscita la experiencia que está viviendo.

Los ejercicios emocionales seleccionados en este programa están estructurados según el modelo de habilidades emocionales de Salovey y Mayer (1997), mencionado anteriormente: *percepción* y *expresión emocional, comprensión emocional,* facilitación *emocional* y *regulación emocional.* Este programa está siendo aplicado en distintas poblaciones y empieza a arrojar resultados favorables sobre el bienestar del individuo.

La Atención Plena a nuestras emociones nos ofrece la posibilidad de experimentarlas con mayor frescura; de mantener cierta perspectiva frente a las mismas; de entender las interpretaciones que, de forma automática, son activadas en nosotros cada vez que nos enfrentamos a un nuevo estado emocional; y, en último término, nos da la oportunidad de construir una forma nueva de relacionarnos con nuestro entorno.

El desarrollo de la Inteligencia Emocional Plena nos permitirá vivenciar la conexión real existente entre emoción y razón, que lejos de ser fuerzas opuestas, son fuerzas armónicas que conducen, sin duda alguna, al éxito personal.

Este entrenamiento nos permitirá aprender a ser "el observador participante" de nuestra experiencia emocional. No se trata de buscar "la buena solución a los problemas", sino de reconsiderar la forma en que los mismos son abordados.

Un entrenamiento mantenido en Atención Plena ayuda a afrontar las emociones desde la aceptación y la no valoración. Por lo tanto, incrementará nuestra capacidad para ganar cierta perspectiva y hacer frente a las dificultades.

Características del programa de inteligencia emocional plena

A continuación exponemos las características que definen al programa INEP.

- Los ejercicios que se realizan en este entrenamiento, requieren de un afrontamiento de las situaciones emocionales con total atención al aquí y al ahora.
- A través de esta práctica, los participantes pueden explorar "su zona de confort" (aquellas situaciones e interacciones sociales, que al sernos familiares nos resultan cómodas) y al mismo tiempo, explorar aquellas áreas en las que pueden encontrar dificultades a la hora de manejar sus emociones. Por tanto, enfrentar situaciones emocionales que normalmente evitan, al estar vinculadas a emociones desagradables.
- Al ofrecer al participante la oportunidad de hacer frente a situaciones emocionales, muy parecidas a las que deben afrontar en su cotidianidad, podemos afirmar, que este programa no se limita a un tiempo fuera de la vida cotidiana.
- Al presentarse actividades de todo tipo (música, poesía, baile, comunicación social...) el sujeto puede ver incrementada su motivación para realizarlas.
- Permite al participante convertirse en observador de sus propias cogniciones, emociones y comportamientos, así como, el de terceras personas. Descubriendo los automa-

tismos o hábitos condicionados que le llevan a actuar de manera irracional o incongruente con sus propios valores personales, en situaciones emocionales.

- Los participantes, tienen la oportunidad de gestionar sus emociones en un contexto seguro, donde un fallo en la gestión emocional no supone una pérdida real en su vida.
- Los participantes, disminuyen su reactividad emocional en diferentes situaciones (por lo que ganan libertad para elegir la mejor opción ante cada situación que enfrentan).
- Alcanzar un estado único de calma y alerta que solo mediante esta práctica es posible. Esto permite, un mejor afrontamiento de los problemas personales y profesionales.

A continuación, se presenta la propuesta del modelo de INEP, cuya habilidad central es la atención plena, que sirve de herramienta fundamental para desarrollar el resto de las habilidades emocionales. Como puede observarse, no existen compartimentos estancos y cada una de las habilidades facilita y repercute en el desarrollo del resto. Siendo, eso sí, la atención plena el denominador común de todas ellas y la condición necesaria para que sea posible el desarrollo de una inteligencia emocional plena.

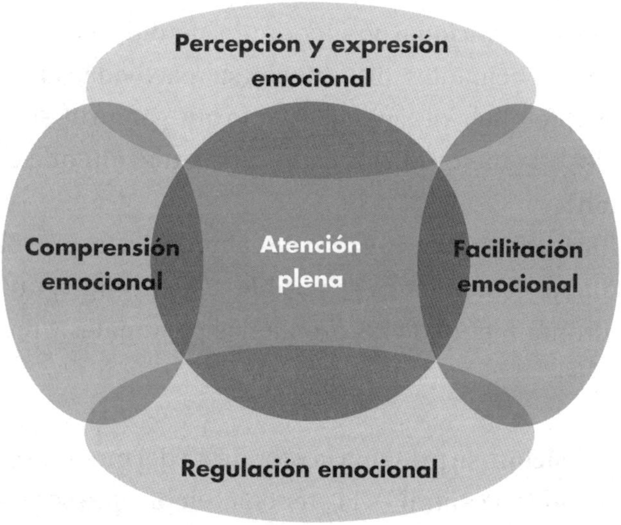
Percepción y expresión emocional
Comprensión emocional
Atención plena
Facilitación emocional
Regulación emocional

Parte II: Práctica

4. Desarrollo del programa inteligencia emocional plena (PINEP)

> «¿No sabes qué hacer para vivir "en el aquí y en el ahora"? [...] Para un momento. Respira profundamente y observa a tu alrededor. Permite que el presente se descubra a sí mismo tal y como es. Permítete ser tú mismo en este instante presente. Siempre nuevos: el presente y tú.»
>
> OLIVIA RECONDO

Recomendaciones previas para la práctica

Antes de presentar el PINEP (Programa de entrenamiento de la Inteligencia Emocional Plena), es importante tener en cuenta una serie de recomendaciones generales para su puesta en práctica. Estas sugerencias previas son las siguientes:

1. Cada vez que decidamos realizar una práctica, es aconsejable que no la abandonemos hasta completarla.

2. Los ejercicios emocionales propuestos en este programa serán abordados con Atención Plena, esto significa con curiosidad, aceptación, ausencia de juicio y actitud compasiva. Los participantes deberán identificar respuestas emocionales excesivas a la hora de abordar la tarea, y que por tanto, requieran de un afrontamiento especialmente cuidadoso. Una emoción es perturbadora, independientemente de su naturaleza, cuando es excesiva y por tanto nos aleja del aquí y el ahora. Reforzamos estas emociones cuanto mayor es nuestra reacción frente a las mismas (evitándolas o implicándonos en exceso). Si al realizar estos ejercicios, percibimos emociones de este tipo, deberíamos abordarlas del mismo modo que afrontamos las emociones difíciles desde un enfoque mindfulness. El profesor Vicente Simon (2011) sugiere una forma de abordar estas emociones, en la práctica la atención plena. Esta forma de abordar la experiencia interna, podría ser generalizada a situaciones emocionales, como las propuestas en nuestro programa. Concretamente los pasos requeridos serían los siguientes:

- Lograr detenerse frente a la emoción perturbadora.
- Respirar. Serenarse.
- Tomar conciencia de la emoción (Observar cambios corporales, identificar la emoción experimentada, así como, los pensamientos que la acompañan, observar cómo a esa emoción le acompaña una tendencia a la acción)
- Aceptar la experiencia. Permitir la emoción. No es necesario suprimir las emociones.

- Darnos Cariño. Autocompasión. No significa negar la emoción experimentada sino más bien, cuidar de nosotros y darnos ánimo frente a la situación emocional que estamos viviendo.
- Soltar la emoción, dejar ir. Mis emociones no son lo mismo que yo, experimento una emoción, pero no soy la emoción que experimento.
- Actuar o no, según las circunstancias. Decidir cuál es la mejor respuesta en dicha situación.

3. Después de realizar cada una de las prácticas -especialmente si se trabaja en grupo- es recomendable registrar nuestra experiencia en un “Diario emocional”, así como crear un espacio de puesta en común donde cada uno de los integrantes pueda comentar cuál ha sido su vivencia. Como recurso de apoyo, recordamos que existe una página web en la que todos podemos participar a través de sus foros de reflexión y discusión virtual sobre estas prácticas y el programa de entrenamiento.

Comparte tu experiencia en el foro de opinión en: www.inteligenciaemocionalplena.com o a través de Facebook en nuestra página Inteligencia Emocional Plena

4. Las prácticas de la INEP se presentan siguiendo el modelo de habilidades de Inteligencia Emocional propuesto por Mayer y Salovey (1997). Por ello, se ha tratado de secuenciarlas de las más sencillas a las más complejas. Si algún

ejercicio nos resulta especialmente complejo, podemos sustituirlo por otro en el que se trabaje la misma habilidad.

5. En ningún caso, el programa que se propone en este libro puede sustituir a un tratamiento psicológico. Si una persona que se plantea realizar este entrenamiento sufre cualquier tipo de problemática relacionada con su salud psicológica o emocional, es conveniente que acuda a un profesional especializado. No nos cabe ninguna duda de que el PINEP, en este caso, sería un gran apoyo en su proceso terapéutico.
6. Al final de cada práctica, se recogen algunos apuntes de interés en los que se reflexiona sobre cuestiones teóricas y prácticas relacionados con cada ejercicio.

Iniciación a la conciencia plena

A continuación presentamos la propuesta de entrenamiento de la atención plena a partir de las siguientes áreas de trabajo (áreas ordenadas de lo más concreto a lo más abstracto; de la respiración consciente –apoyo fisiológico básico para el estado mindfulness– a vivir el día a día con atención plena):

- Atención a la respiración
- Atención a los sentidos
- Atención al cuerpo (conciencia corporal)
- Atención al movimiento
- Atención a la mente
- Atención en actividades de la vida cotidiana

Respiración
Sentidos
Cuerpo
Movimiento
Mente
Acciones cotidianas
ATENCIÓN PLENA

Atención a la respiración

«¿No está el hombre a merced del aire que respira?»
GOETHE

Conocer la respiración

La respiración es un mecanismo natural que, junto con los latidos del corazón, constituyen el ritmo vital de una persona. Respiración y latidos suceden por sí mismos.

Al respirar, nuestro cuerpo recibe el oxígeno del aire que necesita para el metabolismo de las células y expulsa las moléculas de anhídrido carbónico. Ese oxígeno es repartido a todas las células del cuerpo a través de la sangre que bombea el corazón.

El diafragma es el principal músculo respiratorio. Es una placa muscular que separa la cavidad torácica de la abdominal y que se contrae y se relaja cuando inspiramos (tomamos aire) y espiramos (soltamos el aire).

Ser capaces de experimentar la respiración o los latidos cardiacos y observarlos sin más, nos conduce a la experiencia del "aquí y ahora". Es más, seguir el ritmo respiratorio natural que surge en nosotros en cada momento también mejora la concentración y la relajación.

La respiración está muy relacionada con las emociones, por eso se acelera o se calma en función de nuestro estado emocional.

Cuando se produce la hiperventilación aumenta la tasa de respiración por encima de las necesidades de oxígeno del organismo en un momento dado. Esto provoca un descenso proporcional del anhídrido carbónico en la sangre que, a su vez, genera cambios funcionales en el organismo. La bajada de anhídrido carbónico produce, paradójicamente, una disminución de oxígeno en determinadas zonas del cerebro a fin de favorecer el aumento de la capacidad del organismo para responder ante una amenaza real: los músculos se tensan, el corazón late más rápido, la sangre va hacia las extremidades y se refuerza la reacción más primitiva de supervivencia, el miedo. En esos momentos, observar la respiración puede generar ansiedad por el deseo de controlarla. Sin embargo, practicar la atención a la respiración nos ayuda a ganar confianza en el proceso de recuperar la respiración normal.

Atender a la respiración no consiste en controlarla o en ponerle "etiquetas" mentales (pensamientos). Se trata de mantener nuestra atención plena en cada momento respiratorio (inspiración, intervalo respiratorio y espiración), y, si nos distraemos con otra cosa, volver a centrarnos en la respiración.

A continuación se presentan una serie de prácticas de la atención plena a través de la respiración.

Todos los ejercicios desarrollan la capacidad de observar lo que sucede cuando respiramos en el cuerpo (movimientos externos e internos respiratorios, como en los orificios nasales, el pecho o el abdomen) y en nuestra mente (distracciones cognitivas).

Al meditar a través de la respiración podemos mantener los ojos cerrados o abiertos. No obstante, hacerlo con los ojos cerrados facilita el entrenamiento inicial de la atención plena, ya que nos ayuda a concentrarnos mejor y a sentir más la experiencia.

Ejercicios que facilitan el aprendizaje de la atención plena a través de la respiración:

1. Atención a la respiración
2. Respiración de aterrizaje "en el aquí y en el ahora"
3. Atención a la respiración torácica y abdominal
4. Atención a la respiración sincronizada
5. Atención a la respiración sincronizada: 4 x 4
6. Atención a la respiración sincronizada: 4 x 4 x 8

INFORMACIÓN TÉCNICA DE LAS PRÁCTICAS

Objetivo

Participantes (individual/grupal)

Duración / Tiempo

Materiales

Descripción / Instrucciones

Apuntes teóricos

PRÁCTICA Nº 1

ATENCIÓN A LA RESPIRACIÓN **Atención a la respiración**		10 min
OBJETIVO	Concentrar la atención en la respiración sin intervenir en ella.	
MATERIALES	Se aconseja ropa amplia y un asiento cómodo que permita adoptar una postura erguida pero relajada, que favorezca mantenerse "despierto" durante la práctica. Papel (o "diario emocional") y lápiz.	
DESCRIPCIÓN	*Centra toda la atención en la respiración tal y como sucede, sin fijarte en nada más.* *Cuando te des cuenta de que te has distraído, observa qué es aquello que captó tu atención y regresa enseguida a la respiración que surge en ese mismo instante.* Después de este ejercicio recomendamos registrar en un papel o en el "diario emocional" la experiencia vivida.	

Atención a la respiración

Es el ejercicio básico para la práctica del resto del programa de entrenamiento.

Aunque suena muy obvio decirlo estamos respirando constantemente. Sin embargo, no solemos prestarle la más mínima atención, a menos que tengamos alguna dificultad para respirar bien en un momento dado.

Al practicar la atención plena a través de la respiración, no se trata de pensar en ella, sino de sentirla tal y como sucede a cada instante. De esta manera terminamos fundiéndonos con el acto de respirar de forma consciente. Nos dejamos llevar por nuestro propio ritmo de respiración. No hay inspiraciones o espiraciones adecuadas e inadecuadas, porque no buscamos ninguna respiración en concreto, solo observarla tal y como sucede. Como la respiración es "nueva" en cada momento, si hay algún pensamiento, imagen, sonido, etcétera, que me distrae y me saca de la práctica, solo tengo que redirigir mi atención a la experiencia de la respiración sin más: volver a la respiración consciente.

PRÁCTICA Nº 2

ATENCIÓN A LA RESPIRACIÓN **Respiración de aterrizaje "en el aquí y en el ahora"**	5 seg
OBJETIVO	Concentrar la atención en una respiración profunda (descarga única, controlada e intensa).
MATERIALES	Se puede realizar en cualquier momento y lugar, sin necesitar ninguna condición especial para ello. Papel (o "diario emocional") y lápiz.
DESCRIPCIÓN	*Centra la atención en la respiración tal y como sucede, sin fijarte en nada más.* *A continuación, haz una inspiración suave, profunda y constante por la nariz. Al llenarte de aire, y sin hacer ningún corte en la respiración, suelta enseguida el aire por la boca con intensidad pero sin forzar la garganta; como si se tratara de un suspiro muy sonoro. La boca está abierta y colocada en la vocal "a". Al terminar continúa respirando con normalidad, según surge la respiración espontanea.* *Si te apetece, puedes volver a hacer esta respiración de nuevo (con intervalos de respiración natural).* *Cuando te des cuenta de que te has distraído, observa qué es aquello que captó tu atención y regresa enseguida a la respiración que surge en ese mismo instante.* Después de este ejercicio recomendamos registrar en un papel o en el "diario emocional" la experiencia vivida.

Respiración de aterrizaje "en el aquí y en el ahora"
Es recomendable repetir esta respiración varias veces en una misma secuencia, e incluso varias veces al día.

La práctica de este ejercicio nos ayuda a "cortar" el hábito de ir con el "piloto automático" mental encendido. Cuando lo practicamos somos conscientes del “ahora”. Nuestra atención se centra en el momento presente y detiene todo el flujo constante de pensamientos, recuerdos, imágenes, ideas, etcétera. Además, este ejercicio nos ayuda a descargar la tensión acumulada de una manera muy sencilla (tal y como hacían nuestras madres y abuelas).

PRÁCTICA Nº 3

ATENCIÓN A LA RESPIRACIÓN

Atención a la respiración torácica y abdominal

15 min

OBJETIVO	Concentrar la atención en la respiración, siendo consciente de cómo inspiramos y espiramos el aire.
MATERIALES	Se aconseja ropa amplia y un asiento cómodo que permita adoptar una postura erguida pero relajada, que favorezca mantenerse "despierto" durante la práctica. Papel (o "diario emocional") y lápiz.
DESCRIPCIÓN	*Coloca tu mano "dominante" (diestra o ambidiestra) en el abdomen, justo por encima del ombligo. La otra mano sitúala en el pecho (encima del esternón).* *Haz una inspiración suave, profunda y constante por la nariz, y observa qué mano se eleva como efecto del aire que entra en el cuerpo. Luego, expulsa el aire por la nariz manteniendo la atención en las manos.* *Cuando te des cuenta de que te has distraído, observa qué es aquello que captó tu atención y regresa enseguida a la respiración que surge en ese mismo instante.* *A continuación haz varias respiraciones llevando el aire solo al pecho (movimientos de los músculos intercostales que ensanchan la caja torácica). Después, varias respiraciones solo desde el abdomen (movimientos del diafragma que ensancha la parte inferior del tronco).* *Para terminar puedes hacer una respiración completa: comienza la inspiración desde la zona inferior y, a continuación, llena también la zona superior del tronco. La espiración sigue el mismo proceso: primero "desinfla" la zona abdominal y, luego, la zona torácica.* Después de este ejercicio recomendamos registrar en un papel o en el "diario emocional" la experiencia vivida.

Atención a la respiración torácica y abdominal

No buscamos ninguna respiración en concreto, solo observarla tal y como sucede.

Aunque hay un momento del ejercicio en el que "manipulamos" la respiración al dirigirla desde la zona torácica o desde la abdominal, el objetivo no es tanto familiarizarnos con la respiración como entrenar la atención plena apoyándonos en la respiración en ambas zonas.

PRÁCTICA Nº 4

ATENCIÓN A LA RESPIRACIÓN
Atención a la respiración sincronizada

15 min

OBJETIVO	Concentrar la atención en la respiración controlada que se sincroniza con varias secuencias numéricas concretas: (1) (1,2) (1, 1, 1, 1, 1 ... 2, 2, 2, 2, 2 ...).
MATERIALES	Se aconseja ropa amplia y un asiento cómodo que permita adoptar una postura erguida pero relajada, que favorezca mantenerse "despierto" durante la práctica. Papel (o "diario emocional") y lápiz.
DESCRIPCIÓN	*Respira con calma y de forma natural. No fuerces la respiración en ningún momento. En esta práctica tomas aire (inspirar) y lo sueltas (espirar) siempre por la nariz.* *Cuando te des cuenta de que te has distraído, observa qué es aquello que captó tu atención y regresa de nuevo a la respiración, comenzando por la secuencia (1) con atención plena.* **(1)**: *Cuenta "1" al terminar un ciclo completo de una inspiración y una espiración. Luego, "2" al final del ciclo siguiente. Continúa hasta completar 10 ciclos.* **(1,2)**: *Cuenta "1" al final de la inspiración y "2" al final de la espiración. Continúa hasta llegar a 10.* **(1,1,1,1, 2,2,2,2)**: *Repite mentalmente con mucha rapidez "1,1,1,1,1..." mientras inspiras y, a continuación, "2,2,2,2,2,2..." mientras espiras. Continúa hasta llegar a 10.* Estos ejercicios se pueden hacer de forma independiente o como una secuencia de ejercicios enlazados. En ese caso, se puede volver a repetir la secuencia completa una vez finalizada. Después de este ejercicio recomendamos registrar en un papel o en el "diario emocional" la experiencia vivida.

Atención a la respiración sincronizada

El objetivo es entrenar nuestra atención a través de nuestra capacidad de observar la respiración. Sin duda alguna, un método para reactivar la atención cuando la perdemos es "contar respiraciones" a fin de recuperar nuestra concentración, en vez de dejarnos llevar por la distracción o el sopor.

PRÁCTICA Nº 5

ATENCIÓN A LA RESPIRACIÓN
Atención a la respiración sincronizada: 4 x 4

5 min

OBJETIVO	Concentrar la atención en la respiración que es sincronizada con una secuencia numérica concreta: 4 x 4.
MATERIALES	Se aconseja ropa amplia y un asiento cómodo que permita adoptar una postura erguida pero relajada, que favorezca mantenerse "despierto" durante la práctica. Papel (o "diario emocional") y lápiz.
DESCRIPCIÓN	*Haz una inspiración suave, profunda y constante por la nariz mientras cuentas mentalmente "1, 2, 3, 4". A continuación, sin hacer ningún corte en la respiración, espira el aire por la nariz mientras vuelves a contar "1, 2, 3, 4".* *Cuando hayas encontrado un ritmo cómodo y una intensidad saludable para las respiraciones, sigue manteniendo la atención en las respiraciones, pero deja de contar mentalmente.* *Cuando te des cuenta de que te has distraído, observa qué es aquello que captó tu atención y regresa enseguida a la respiración. Si te cuesta trabajo hacerlo, puedes volver a respirar contando de nuevo "4 x 4" con atención plena.* Es muy importante dosificar bien la salida del aire sin forzar en ningún momento la garganta y evitando llegar a la sensación de falta de aire. Existe la variante de hacer la espiración por la boca. En todo momento, la atención está centrada en la respiración y en las posibles sensaciones que surjan. Después de este ejercicio recomendamos registrar en un papel o en el "diario emocional" la experiencia vivida.

Atención a la respiración sincronizada: 4 x 4

La intención sigue siendo entrenar nuestra capacidad de observar la respiración, sin enredarnos mentalmente con nada de lo que pueda distraernos.

El proceso cognitivo de contar mentalmente mientras respiramos favorece que no nos dispersemos ni nos distraigamos con tanta facilidad. Con este ejercicio comprobamos que podemos dirigir nuestra atención de forma consciente hacia donde queramos.

Práctica Nº 6

ATENCIÓN A LA RESPIRACIÓN

Atención a la respiración sincronizada: 4 x 4 x 8

5 min

OBJETIVO	Concentrar la atención en la respiración que es sincronizada con una secuencia numérica concreta: 4 x 4 x 8.
MATERIALES	Se aconseja ropa amplia y un asiento cómodo que permita adoptar una postura erguida pero relajada, que favorezca mantenerse "despierto" durante la práctica. Papel (o "diario emocional") y lápiz.
DESCRIPCIÓN	*Haz una inspiración suave, profunda y constante por la nariz mientras cuentas mentalmente "1, 2, 3, 4". A continuación, retén el aire dentro sin expulsarlo –a modo de apnea– mientras vuelves a contar "1, 2, 3, 4". Por último, espira el aire por la nariz contando del 1 al 8.* *Puedes hacer varias secuencias consecutivas "4 x 4 x 8" (enlazando una con otra), tras las cuales siempre debes terminar con la atención en la respiración natural (sin manipularla) durante unos instantes.* *Cuando te des cuenta de que te has distraído, observa qué es aquello que captó tu atención y regresa enseguida a la respiración. Si te cuesta trabajo hacerlo, puedes volver a respirar contando de nuevo "4 x 4 x 8" con atención plena.* Es muy importante dosificar bien la salida del aire sin forzar en ningún momento la garganta y evitando llegar a la sensación de falta de aire. Existe la variante de hacer la espiración por la boca. En todo momento, la atención está centrada en la respiración y en las posibles sensaciones que surjan. Después de este ejercicio recomendamos registrar en un papel o en el "diario emocional" la experiencia vivida.

Atención a la respiración sincronizada: 4 x 4 x 8

Este ejercicio es una variante del ejercicio anterior. De igual modo, nuestro interés principal es entrenar nuestra atención y nuestra capacidad de observar la respiración sin distraernos con otras cosas. Todas aquellas sensaciones que puedan surgir durante la práctica las observamos, sin juzgarlas, ni manipularlas, como sucede en la práctica mindfulness.

Este ejercicio es además una buena herramienta para regular nuestro estado emocional en una situación crítica de pérdida de control (ansiedad, ira, miedo, angustia, etcétera).

Atención a los sentidos

> «Simplemente escucha. No aceptes ni rechaces; no erijas defensas que, mediante tus propios pensamientos, te impidan escuchar.»
>
> KRISHNAMURTI

Simplemente percibir la realidad a través de los sentidos
Constantemente llegan a nosotros estímulos sensoriales y, en cualquier momento, surgen pensamientos y sentimientos relacionados con lo que estamos percibiendo, sea a través del oído, de la vista, el gusto, el tacto o el olfato. No hay que hacer nada, porque esa información llega a nuestros sentidos.

Por este motivo, el modo de acogida, de escucha que propone la práctica de la atención plena no exige ningún esfuerzo ni tarea especial: consiste en prestar atención y mantenerla en lo que percibimos sin juzgar nada (una forma, un olor, un sonido o el silencio, etcétera). Por ejemplo, en el caso de dedicarnos simplemente a oír, se trata de conocer el silencio y el sonido de forma no conceptual (sin pensar) sino experiencial (sintiéndolos). Asimismo con el resto de nuestros sentidos.

En este apartado vamos a trabajar fundamentalmente a partir del sentido de la vista, el odio y el tacto (aunque también se podrían añadir otras prácticas basadas en el olfato y el gusto para cultivar la atención plena en nosotros).

Recordemos que los sentidos están constantemente activos en nuestra interacción con el entorno, aunque podemos ser capaces de centrarnos en uno solo de ellos en un momento dado, como sugiere nuestro entrenamiento.

Ejercicios que facilitan el aprendizaje de la atención plena a través de los sentidos:

Simplemente ver:
7. Atención a los colores
8. Atención al *mandala*
9. Atención a los paisajes naturales

Simplemente oír:
10. Atención al sonido
11. Atención a los sonidos del momento

Simplemente tocar:
12. Atención a las texturas

Experimentar a través de los sentidos:
13. Mi primera pasa
14. Atención a mis manos, mi espacio y el entorno que me rodea
15. Meditación de la naturaleza

PRÁCTICA Nº 7

ATENCIÓN A LOS SENTIDOS - SIMPLEMENTE VER:
Atención a los colores

15 min

OBJETIVO	Entrenar la atención plena manteniéndonos centrados en los colores que van apareciendo.
MATERIALES	Se aconseja ropa amplia y un asiento cómodo que permita adoptar una postura erguida pero relajada, que favorezca mantenerse "despierto" durante la práctica. Hojas de papel de colores o diapositivas en una presentación audiovisual. Papel (o "diario emocional") y lápiz.
DESCRIPCIÓN	Se presenta una secuencia de colores (lámina o diapositiva), con un intervalo de 20 segundos. *Dirige la atención a los diferentes colores que se van presentando. Solo tienes que observar el color sin más. No se trata de pensar en ellos o relacionarlos con tus gustos personales o con algún objeto o recuerdo concreto.* *Cuando te des cuenta de que te has distraído, observa qué es aquello que captó tu atención y regresa enseguida a observar el color que está en la lámina o pantalla, apoyándote exclusivamente en la respiración que surge en ese mismo instante.* Se puede ir aumentando el tiempo de exposición de cada color, según vayamos mejorando nuestro tiempo de atención mantenida y no valorativa. Después de este ejercicio recomendamos registrar en un papel o en el "diario emocional" la experiencia vivida

Atención a los colores

Practicar la atención plena a través de los colores consiste en observarlos sin más, sin juzgarlos o evaluarlos (acciones que suelen ser una tendencia natural y hábito frecuente de nuestra mente).

La clave de mindfulness es que descubramos que cuando surge alguna idea, imagen, asociación mental, etcétera, que nos distrae de la práctica, podemos redirigir nuestra atención de nuevo a la lámina y volver a ser consciente del color proyectado en ese momento.

En la práctica de la atención plena es fundamental mantenernos en una actitud de no esperar ni buscar nada en concreto. Simplemente se trata de ser consciente de lo que está aconteciendo en este momento.

PRÁCTICA Nº 8

ATENCIÓN A LOS SENTIDOS - SIMPLEMENTE VER: **Atención al mandala**	15 min
OBJETIVO	Entrenar la atención plena manteniéndonos centrados en los *mandalas* que van apareciendo.
MATERIALES	Se aconseja ropa amplia y un asiento cómodo que permita adoptar una postura erguida pero relajada, que favorezca mantenerse "despierto" durante la práctica. Reproducciones de *mandalas* en papel o en una presentación audiovisual. Papel (o "dsiario emocional") y lápiz.
DESCRIPCIÓN	Se presenta una secuencia de *mandalas* (lámina o diapositiva), con un intervalo de 30 segundos. *Dirige la atención a los* mandalas *que van apareciendo. Solo tienes que observar cada* mandala. *Puedes comenzar observando el dibujo en su conjunto, para pasar a centrarte en cada detalle del interior de la figura.* *No se trata de pensar en ellos o relacionarlos con tus gustos personales o con algún objeto o recuerdo concreto. Intenta dejar a un lado las percepciones exteriores que puedan llegarte.* *Cuando te des cuenta de que te has distraído, observa qué es aquello que captó tu atención y regresa enseguida a observar el* mandala *expuesto, apoyándote exclusivamente en la respiración que surge en ese mismo instante.* Se puede ir aumentando el tiempo de exposición de cada *mandala*, según vayamos mejorando nuestro tiempo de atención mantenida y no valorativa. Después de este ejercicio recomendamos registrar en un papel o en el "diario emocional" la experiencia vivida.

Atención al mandala

"Mandala" es una palabra sánscrita que significa, textualmente, *centro, circunferencia, círculo mágico o de poder*. Se le atribuye al psiquiatra Carl G. Jung el uso de este término para describir los dibujos simbólicos circulares que aparecen en todas las tradiciones. Además relacionó el *mandala* con la necesidad de vivir con intensidad todo nuestro potencial (*self* o sí mismo).

Desde la práctica psicológica se considera que los *mandalas* favorecen la concentración y dan mayor profundidad a la experiencia vivida. En este sentido, los *mandalas* pueden considerarse instrumentos de meditación que aportan quietud, equilibrio y paz interior a quien lo observa y medita. Más adelante, se presenta una práctica de entrenamiento de regulación emocional que consiste en colorear *mandalas* de forma individual y colectiva, con atención plena.

PRÁCTICA Nº 9

ATENCIÓN A LOS SENTIDOS - SIMPLEMENTE VER:
Atención al paisaje natural

15 min

OBJETIVO	Entrenar la atención plena manteniéndonos centrados en las imágenes de paisajes naturales.
MATERIALES	Se aconseja ropa amplia y un asiento cómodo que permita adoptar una postura erguida pero relajada, que favorezca mantenerse "despierto" durante la práctica. Fotografías (en papel o digitales) o vídeos de paisajes naturales sobre los que meditar. Papel (o "diario emocional") y lápiz.
DESCRIPCIÓN	Se presenta la imagen de un paisaje natural (lámina o diapositiva), con un intervalo de 30 segundos. *Dirige tu atención al paisaje natural que está delante de ti. Trata de observarlo sin más. No buscas ni esperas nada en concreto de esta práctica. Por eso puedes centrarte solo en percibir la imagen sin interpretarla ni juzgarla. Fíjate bien en los detalles del paisaje.* *Como siempre, cuando te des cuenta de que te has distraído, observa qué es aquello que captó tu atención y regresa enseguida a observar el paisaje natural, apoyándote exclusivamente en la respiración que surge en ese mismo instante.* Se puede ir aumentando el tiempo de exposición con cada paisaje, según vayamos mejorando nuestro tiempo de atención mantenida y no valorativa. Después de este ejercicio recomendamos registrar en un papel o en el "diario emocional" la experiencia vivida.

Atención al paisaje natural

En esta práctica, las imágenes de la naturaleza facilitan el entrenamiento de la atención plena. Al igual que en las prácticas anteriores –en las que se pide observar los colores o los *mandalas*–, se trata de mantener la atención no valorativa en el objeto de entrenamiento (las imágenes), dándonos cuenta de hábitos, hasta ese momento inconscientes, de distracción y pérdida de la atención plena.

PRÁCTICA Nº 10

ATENCIÓN A LOS SENTIDOS - SIMPLEMENTE OÍR:
Atención al sonido

15 min

OBJETIVO	Entrenar la atención plena manteniéndonos centrados en los sonidos que van apareciendo.
MATERIALES	Se aconseja ropa amplia y un asiento cómodo que permita adoptar una postura erguida pero relajada, que favorezca mantenerse "despierto" durante la práctica. Instrumentos musicales y objetos para emitir diferentes sonidos. Papel (o "diario emocional") y lápiz.
DESCRIPCIÓN	El monitor o entrenador selecciona una serie de acciones, instrumentos musicales y objetos con los que irá emitiendo diferentes sonidos cada cierto tiempo, dejando momentos de silencio entre ellos. Por ejemplo, un suspiro, una flauta, unas palmadas, tirar un objeto al suelo, toser, un tambor, taconear, romper un papel, etcétera. *Cierra los ojos para concentrarte mejor en lo que vas a oír.* *Tras practicar la atención plena a través de la respiración natural unos instantes trata de percibir todos los sonidos que lleguen a tus oídos. No se trata de pensar en los sonidos ni relacionarlos con tus preferencias o gustos personales, o con algún objeto o recuerdo concreto.* *Como siempre, cuando te des cuenta de que te has distraído, observa qué es aquello que captó tu atención y regresa enseguida a atender el sonido que estás percibiendo, apoyándote exclusivamente en la respiración que surge en ese mismo instante.* Después de este ejercicio recomendamos registrar en un papel o en el "diario emocional" la experiencia vivida. Puesta en común: espacio para compartir la experiencia y lo que hemos aprendido en este ejercicio.

Atención al sonido

Como ya hemos visto, constantemente llegan sonidos a nuestros oídos y, en cualquier momento, surgen pensamientos y sentimientos relacionados con lo que estamos oyendo. Ya que los sonidos llegan constantemente a nosotros y aunque no hagamos nada para que eso sea así, para entrenar la atención plena a través de este sentido debemos prestar atención y mantenerla en el sonido o en el silencio. Se trata de conocer el silencio y el sonido de forma no conceptual (sin pensar en ellos) sino experiencial (sintiéndolos con atención plena).

PRÁCTICA Nº 11

ATENCIÓN A LOS SENTIDOS – SIMPLEMENTE OÍR: **Atención a los sonidos del momento**	15 min
OBJETIVO	Entrenar la atención plena manteniéndonos centrados en los sonidos que podemos percibir en este momento.
MATERIALES	Se aconseja ropa amplia y un asiento cómodo que permita adoptar una postura erguida pero relajada, que favorezca mantenerse "despierto" durante la práctica. Papel (o "diario emocional") y lápiz.
DESCRIPCIÓN	*Cierra los ojos para concentrarte mejor en lo que vas a oír.* *Tras centrar tu atención unos instantes en la respiración trata de percibir todos los sonidos que lleguen a tus oídos. No se trata de pensar en ellos o imaginarlos. Solo tienes que tratar de oírlos, de sentirlos, sin más.* Seguimos la siguiente secuencia de atención plena a los sonidos del momento: **Sonidos del cuerpo** *Fíjate bien en los sonidos que provienen del cuerpo (la respiración, el latido del corazón, un estornudo o suspiro que se nos escapa, el flujo sanguíneo, los intestinos y la digestión, etcétera). Si te cuesta percibirlos, no fuerces la experiencia y permanece atento pero relajado. Permítete no percibir nada.* **Sonidos del entorno** *Ahora pon toda la atención en los sonidos que percibes y que vienen de la sala en la que te encuentras (la radio encendida, la mascota, alguna entrada de aire, un ruido que hace alguien del grupo al moverse, el silencio, etcétera).*

(Continúa)

Sonidos del exterior

Atiende ahora a todos los sonidos que vienen del exterior de la sala en la que te encuentras (los ruidos que llegan de otra sala o vivienda; los sonidos de la calle, el tráfico, el viento o la lluvia, etcétera).

Sonidos en general

Por último, percibe todos los sonidos que puedes oír simultáneamente (los que vienen del interior del cuerpo, de la sala y del exterior de la sala), sin tratar de reconocerlos.

Oír el silencio

¿Puedes oír también el silencio? ¿Puedes sentirlo? Para poder escucharlo es muy importante que no te fuerces a sentirlo.

Cuando te des cuenta de que te has distraído, observa qué es aquello que captó tu atención y experimenta de nuevo a través del sentido del oído, apoyándote exclusivamente en la respiración que surge en ese mismo instante.

Después de este ejercicio recomendamos registrar en un papel o en el "diario emocional" la experiencia vivida.

Atención a los sonidos del momento

Ya hemos visto que nuestros oídos están constantemente registrando sonidos que nos llegan del interior y del exterior de nuestro cuerpo (a no ser que haya una disfunción física en este órgano auditivo). Entrenar la atención plena a través de este sentido fortalece el aprendizaje de las habilidades básicas para ser consciente plenamente de la realidad.

Por ejemplo, en esta práctica trataremos de no pensar qué sonido es ni de dónde viene. Solo son sonidos que experimentamos con atención plena. Si al oír algo aparecen imágenes mentales que asociamos a ese sonido, es muy importante dejarlas pasar para seguir centrados en percibir los sonidos que nos llegan, sin juzgarlos o pensar en ellos. La "respiración de aterrizaje en el aquí y en el ahora" siempre nos ayuda a "atrapar la mente" cuando la atención se dispersa, y así podemos centrarnos de nuevo donde queramos. En este caso, en el sentido del oído.

PRÁCTICA N° 12

ATENCIÓN A LOS SENTIDOS - SIMPLEMENTE TOCAR: **Atención a las texturas**	15 min
OBJETIVO	Entrenar la atención plena a través de las sensaciones táctiles que percibimos al tocar una serie de objetos con diferentes texturas.
MATERIALES	Se aconseja ropa amplia y un asiento cómodo que permita adoptar una postura erguida pero relajada, que favorezca mantenerse "despierto" durante la práctica. Es recomendable realizar esta práctica en un lugar silencioso y con los ojos tapados con un antifaz o pañuelo. Diversos objetos y sustancias de texturas variadas. Por ejemplo: líquidas-sólidas, suaves-ásperas, granuladas-lisas, frías-caliente, viscosas, etcétera. Papel (o "diario emocional") y lápiz.
DESCRIPCIÓN	Tanto si esta práctica es individual como colectiva, se recomienda tapar los ojos a la persona que va a experimentar la atención plena a través de las texturas. *Dirige la atención a tus manos que van a tocar varios objetos, superficies y sustancias. Detente unos instantes en cada objeto para percibir toda la información que te llega (forma, textura, tamaño, peso, estructura, etcétera). Trata de dejar a un lado cualquier percepción que te llegue a través de otros sentidos.* *No se trata de adivinar qué es, por eso intenta no visualizar el objeto en tu mente, ni juzgarlo (como agradable o desagradable) ni pensar en él. Simplemente siéntelo a través del tacto como entrenamiento de la atención plena (atención mantenida y no valorativa).*

(Continúa)

Cuando te des cuenta de que te has distraído, observa qué es aquello que captó tu atención y céntrate de nuevo en experimentar el objeto que tienes entre las manos, apoyándote exclusivamente en la respiración que surge en ese mismo instante.

Después de este ejercicio recomendamos registrar en un papel o en el "diario emocional" la experiencia vivida.

Atención a las texturas

A pesar de que tocamos, cogemos, soltamos, llevamos, etcétera, infinidad de cosas con nuestras manos, son pocas las veces que somos conscientes de la información que está llegando desde nuestros dedos o nuestra piel. Al igual que en los ejercicios anteriores intentamos darnos cuenta de lo que acontece en cada momento mientras tocamos las diversas texturas de los objetos y sustancias de la práctica.

Sea lo que sea lo que llegue a nuestra mente, lo dejamos pasar, ya que lo único que precisamos es seguir presentes en la práctica del tacto consciente. Seguimos en la experiencia de lo que realmente está sucediendo.

PRÁCTICA Nº 13

EXPERIMENTAR A TRAVÉS DE LOS SENTIDOS:
Mi primera pasa 15 min

OBJETIVO	Entrenar la atención plena mientras experimentamos la realidad física de "una pasa".
MATERIALES	Se aconseja ropa amplia y un asiento cómodo que permita adoptar una postura erguida pero relajada, que favorezca mantenerse "despierto" durante la práctica Uvas pasas. Papel (o "diario emocional") y lápiz.
DESCRIPCIÓN	*Coge una uva pasa como si fuese la primera vez que la ves. Al ser algo "desconocido" trata de que sean los sentidos los que te den la información necesaria sobre este nuevo objeto. Puedes obsérvala, olerla, tocarla, escuchar cómo suena cuando la tocas, etcétera, para darte cuenta de su forma, textura, color, tamaño, sonido, etcétera.* *No hay prisa. Tómate tu tiempo para experimentar la uva pasa a través de todos tus sentidos.* *Una vez finalizado este primer proceso puedes experimentar el sabor y las sensaciones que surgen al meterte la uva pasa en la boca, durante su masticación y tras digerirla.* Se trata de permanecer centrados en la tarea, aunque pueda haber momentos en los que algún pensamiento nos distraiga. Como hemos aprendido, hacer una respiración profunda de forma consciente siempre nos ayuda a volver a centrarnos en el ejercicio. Después de este ejercicio recomendamos registrar en un papel o en el "diario emocional" la experiencia vivida.

Mi primera pasa

La atención es un proceso que se debilita con mucha facilidad y sin darnos cuenta muchas veces. Por eso la importancia de la práctica de la atención plena en las actividades cotidianas. Este tipo de ejercicios, además de favorecer el mantenimiento de la atención consciente y sus beneficios, ayudan a evidenciar lo distinto que puede resultar cualquier acción si la realizamos con atención plena o sin ella, en estado “piloto automático”.

PRÁCTICA Nº 14

EXPERIMENTAR A TRAVÉS DE LOS SENTIDOS:
Atención a mis manos, mi espacio y el entorno que me rodea

15 min

OBJETIVO	Entrenar la atención plena mientras experimentamos la realidad física que nos rodea.
MATERIALES	Se aconseja ropa amplia y un asiento cómodo que permita adoptar una postura erguida pero relajada, que favorezca mantenerse "despierto" durante la práctica. Papel (o "diario emocional") y lápiz.
DESCRIPCIÓN	*Vas a entrenar la atención plena centrándote primero en las manos y luego en el entorno que te rodea (el más cercano y el del exterior). Recuerda apoyarte en la "Respiración de aterrizaje en el aquí y en el ahora" para volver a la práctica, cuando sientas que te has distraído. Comenzamos...* **Mis manos** *Pon toda la atención en tu mano derecha. Ahora eres un observador, por eso no vas a pensar en ella ni a juzgarla (si es bonita o fea, si me gusta o no, si es pequeña o grande, si...). Se trata de que seas capaz de experimentar pacientemente y con detalle tu mano derecha, aceptándola tal y como es. Solo tienes que experimentarla a través de todos tus sentidos, sin más. Observa, huele, palpa la palma de la mano, cada uno de los dedos, todas las líneas que tiene, etcétera. A continuación haz el mismo ejercicio con la mano izquierda y, al final, con las dos manos a la vez (observándolas como "tus manos").* **Mi espacio** *Vas a poner toda tu atención en los objetos más próximos a ti. Por ejemplo, fíjate en tu asiento o en la mesa que hay delante de ti y en cada uno de los objetos que puedes*

(Continúa)

ver cerca de ti. Experiméntalos a través de tus sentidos, tratando de no involucrarte mentalmente con ninguno de ellos.

El entorno que me rodea

DESCRIPCIÓN ⓘ

Ahora dirige tu atención a todo lo que te rodea. Observa el lugar en el que te encuentras y todo lo que hay ahí. Solo tienes que experimentar tu entorno en todo momento (la habitación, los colores, el suelo, los olores, la puerta, los sonidos que llegan de la calle, etcétera).

Cuando te des cuenta de que te has distraído porque estás pensando, juzgando, recordando algo, etcétera, apóyate en la respiración para volver a la práctica con atención plena allí donde se haya interrumpido.

Después de este ejercicio recomendamos registrar en un papel o en el "diario emocional" la experiencia vivida.

Atención a mis manos, mi espacio y el entorno que me rodea

No hace falta nada especial, ni ir a ningún sitio para entrenar nuestra atención plena. Todo lo que hay en nosotros o a nuestro alrededor es una buena oportunidad para confirmar el grado de conciencia del momento presente en el que vivimos.

Aunque suene repetitivo, hay que recordar que siempre que queramos recuperar un estado de atención plena podemos apoyarnos en la "respiración de aterrizaje en el aquí y en el ahora" que nos ancla al momento presente.

PRÁCTICA Nº 15

EXPERIMENTAR A TRAVÉS DE LOS SENTIDOS:
Meditación de la naturaleza

15 min

OBJETIVO	Entrenar la atención plena manteniéndonos centrados en el paisaje natural en el que nos encontramos o se nos muestra en una imagen.
MATERIALES	Se aconseja ropa amplia y un asiento cómodo que permita adoptar una postura erguida pero relajada, que favorezca mantenerse "despierto" durante la práctica. Entorno natural o, en su caso, fotografías o vídeo de paisajes naturales. Papel (o "diario emocional") y lápiz.
DESCRIPCIÓN	**Meditación en un entorno natural** *Centra toda tu atención en el paisaje natural en el que te encuentras. Observa el lugar y todo lo que hay en él, tratando de no enredarte en juicios de valor, comparaciones u opiniones sobre lo que percibes a través de los sentidos. Es decir, trata de no analizar la información que te llega, ni de relacionarla con tus gustos personales o con algún objeto o recuerdo concreto.* *Cuando te des cuenta de que te has distraído, observa qué es aquello que captó tu atención y céntrate de nuevo en experimentar el entorno natural en el que te encuentras, apoyándote exclusivamente en la respiración que surge en ese mismo instante.* **Meditación a partir de fotografías o un vídeo** Se presenta una secuencia de paisajes naturales (láminas, diapositivas o vídeo), con un intervalo de 30 segundos. *Durante la proyección del vídeo trata de percibir todo lo que te llega a través de tus sentidos: la vista y el oído,*

(Continúa)

	principalmente. No buscas ni esperas nada en concreto de esta práctica. Por eso, céntrate solo en percibir las imágenes y sonidos sin interpretarlos ni juzgarlos. *Como siempre, cuando te des cuenta de que te has distraído y has perdido el estado de atención plena, apóyate en la respiración para volver a centrarte en la imagen del paisaje natural que se presenta.*
DESCRIPCIÓN ⓘ	Durante el entrenamiento se puede ir aumentando el tiempo de exposición a las imágenes de la naturaleza, según vayamos mejorando nuestro tiempo de atención mantenida y no valorativa. Después de este ejercicio recomendamos registrar en un papel o en el "diario emocional" la experiencia vivida.

Meditación de la naturaleza

Esta práctica cumple un doble objetivo en el entrenamiento de la IEP: por una parte, potencia la percepción consciente de la información que constantemente nos llega a través de los sentidos y, por otro lado, desarrolla en nosotros "la postura del observador" sin grandes esfuerzos. Dicho en otras palabras, observar un entorno natural nos "naturaliza" porque retornamos al medio natural al que pertenecemos y del que, con demasiada frecuencia, nos desconectamos.

Sea en un espacio abierto o a través de imágenes de la naturaleza, este ejercicio es muy recomendable en todo programa de atención plena porque genera en quien lo practica un estado profundo de calma, de quietud física y mental, que va mucho más allá del frecuente efecto secundario de la práctica de mindfulness: la relajación.

Atención al cuerpo (conciencia corporal)

> «La sensación es el redescubrimiento de quiénes somos y de quiénes hemos sido siempre.»
>
> JOAN BORYSENKO

Conectados al cuerpo

Nadie puede vivir sin un cuerpo. Nuestra existencia y realidad cotidiana están fuertemente condicionadas por la actividad celular, química y física de nuestro cuerpo.

Son muchas las investigaciones que documentan, cada vez más, la estrecha relación que hay entre nuestros procesos físicos, mentales y emocionales. La idea del cuerpo como "una máquina programada", independiente y compartimentada ha quedado atrás.

Hoy en día, nadie duda de que el cuerpo también es una valiosa fuente de información de quiénes somos, cómo vivimos y cómo nos encontramos en cada momento. En él se reflejan los procesos internos y los acontecimientos vitales que vivimos (y no solo en la expresión de reacciones emocionales intensas o en las huellas visibles del paso del tiempo en nuestro cuerpo).

Otro valor indiscutible que se le debe atribuir al cuerpo, como "objeto" de entrenamiento en el PINEP (programa de entrenamiento de la inteligencia emocional plena), es que "el cuerpo siempre está en el aquí y en el ahora". Toda su actividad sucede siempre en el momento presente y por sí mismo. Todo lo que está sucediendo en nuestro cuerpo está ocurriendo ahora (nos demos o no cuenta de ello).

Cada vez más surgen estudios que documentan cómo nuestra manera de pensar y de afrontar nuestra vida cotidiana, genera cambios estructurales y funcionales en nuestro cerebro, en nuestro cuerpo. Os invitamos a que indaguéis sobre estos aspectos en el libro de profundización teórica de este programa *Inteligencia emocional plena,* también de la editorial Kairós.

Atención al cuerpo:
16. Conciencia de mis bloqueos físicos
17. Observar la tensión-distensión en el cuerpo
18. Reconocimiento corporal o "Body-Scan"
19. Conciencia orgánica

Atención a la postura:
20. Meditación sentada
21. Meditación de pie
22. Conciencia corporal "en el aquí y en el ahora"
23. Meditación del árbol

PRÁCTICA Nº 16

ATENCIÓN AL CUERPO:
Conciencia de mis bloqueos físicos — 15 min

OBJETIVO	Entrenar la atención plena focalizándonos en los bloqueos o tensiones físicas presentes en nuestro cuerpo.
MATERIALES	Se aconseja ropa amplia y un asiento cómodo que permita adoptar una postura erguida pero relajada, que favorezca mantenerse "despierto" durante la práctica. Papel (o "diario emocional") y lápiz.
DESCRIPCIÓN	*Centra toda la atención en el cuerpo. Haz un recorrido por el cuerpo focalizándote en los bloqueos o tensiones físicas que vayas identificando. No se trata de modificar la postura, soltar la zona tensa o pretender eliminar la tensión. Solo buscas ser consciente de los bloqueos y aceptarlos, sin pensar sobre ellos.* *Cuando te des cuenta de que estás distraído, observa qué es aquello que captó tu atención y pon tu atención de nuevo en los bloqueos o tensiones del cuerpo, apoyándote en la respiración del momento.* **Dibujar con atención plena las tensiones del cuerpo** (opcional) *Dibuja en una hoja la silueta de tu cuerpo. Ahora señala en ella los bloqueos y tensiones físicas que has identificado.* *Toma conciencia del estado de tu cuerpo a través del dibujo. Trata de no juzgar ni pensar en lo que estás descubriendo de ti mismo. Acepta la información que te está llegando, sin pretender hacer nada más con ella.* Después de este ejercicio recomendamos registrar en un papel o en el "diario emocional" la experiencia vivida.

Conciencia de mis bloqueos físicos

Nuestro cuerpo refleja nuestra actividad de cada momento, de cada día. Si nos detenemos a observarlo en un instante, podemos identificar cómo hemos vivido nuestra jornada a partir de cómo se encuentra. No obstante, y a no ser que tengamos un malestar o dolencia muy fuerte, no solemos prestarle mucha atención.

Al practicar la atención plena a través de la atención al cuerpo, no se trata de pensar en él y en su estado, sino de sentirlo tal y como está en ese momento. No se trata de hacer algo para mejorar nuestro estado físico, sino de darnos cuenta de cómo está en ese momento. Cuando identificamos y aceptamos la realidad de cómo está nuestro cuerpo, nuestra relación con él cambia. Por ejemplo, si identificamos bloqueos físicos, nuestra forma de verlos y vivirlos se modifica desde la conciencia plena de ellos. Como en las prácticas de mindfulness, cuando nos distraemos y nos salimos del ejercicio, solo tenemos que redirigir nuestra atención a la experiencia: volver al cuerpo.

PRÁCTICA Nº 17

ATENCIÓN AL CUERPO:
Observar la tensión–distensión en el cuerpo 10 min

OBJETIVO	Entrenar la atención plena siendo conscientes de la tensión y la distensión muscular, así como de la transición entre ambos estados físicos.
MATERIALES	Se aconseja ropa amplia y un asiento cómodo que permita adoptar una postura erguida pero relajada, que favorezca mantenerse "despierto" durante la práctica. Papel (o "diario emocional") y lápiz.
DESCRIPCIÓN	*Dirige toda la atención al cuerpo y a las posibles sensaciones físicas que surjan.* *En cada secuencia del ejercicio hay que dar tres pasos: 1) inspiración por la nariz, 2) tensión muscular (apretar el cuerpo) manteniendo el aire dentro, sin expulsarlo, y 3) espiración por la nariz con distensión muscular (soltar el cuerpo). Recuerda que no se debe forzar demasiado ni la respiración ni la tensión muscular.* *Comienza haciendo una inspiración profunda por la nariz. Mantén el aire dentro sin expulsarlo mientras aprietas todos los músculos del cuerpo durante unos tres segundos (con una intensidad moderada). Pasados esos segundos suelta el aire por la nariz a la vez que aflojas todos los músculos del cuerpo. Descansa unos instantes respirando con normalidad y vuelve a repetir el ejercicio. Una vez que has aprendido la secuencia completa sigue tu propio ritmo.* *Como siempre, cuando te des cuenta de que estás distraído observa qué es aquello que captó tu atención y regresa de nuevo al cuerpo (si es necesario, puedes apoyarte en la "respiración de aterrizaje en el aquí y en el ahora").* En adelante, se debe ir aumentando progresivamente el número de repeticiones (siempre con un espacio de descanso entre secuencias). Después de este ejercicio recomendamos registrar en un papel o en el "diario emocional" la experiencia vivida.

Observar la tensión-distensión en el cuerpo

Con esta práctica es fácil darnos cuenta del nivel de tensión o relajación física en el que nos encontramos (del que no solemos ser demasiado conscientes por el ritmo de vida que llevamos, sobre todo cuando vamos con el "piloto automático" activado).

Este ejercicio es además una buena herramienta para relajarnos o regular nuestro estado emocional en una situación de pérdida de control (ansiedad, enfado, miedo, angustia, etcétera).

PRÁCTICA Nº 18

ATENCIÓN AL CUERPO:
Reconocimiento corporal o "Body-Scan" — 30 min

OBJETIVO	Entrenar la atención sostenida y no valorativa a través de un recorrido consciente por nuestro cuerpo.
MATERIALES	Se aconseja ropa amplia y un asiento/colchoneta que permita adoptar una postura cómoda, pero que favorezca mantenerse "despierto" durante la práctica. Manta ligera para evitar la incómoda sensación de frío (sobre todo en el caso de realizarse tumbado). Papel (o "diario emocional") y lápiz.
DESCRIPCIÓN	*Siéntate o túmbate sobre una superficie cómoda en la que puedas "mantenerte despierto". Es importante que trates de no quedarte dormido.* *Ahora vas a pasar un escáner por tu cuerpo para sentirlo tal y como está ahora. No se trata de modificar la postura ni de eliminar posibles tensiones. No se trata de sentir nada en concreto ni de llegar a ningún resultado esperado. Solo trata de concentrarte en las diferentes partes de tu cuerpo con atención plena.* • Cierra los ojos para poder sentirlo todo con más claridad. • Siente la respiración. Observa cómo sube y baja tu pecho y abdomen cada vez que entra el aire (con cada inspiración) y cada vez que sale (con cada espiración). • Siente tu cuerpo como un "todo", desde la cabeza hasta los pies. Imagina que la piel es como la "envoltura" de tu cuerpo. Fíjate bien en las sensaciones que tienes en las zonas en las que el cuerpo está en contacto con el suelo, con la silla, con la colchoneta, con la manta, etcétera. • Cuando te des cuenta de que te has distraído, observa qué es aquello que captó tu atención y dirige de nuevo la atención al cuerpo.

(Continúa)

	• Comienza el reconocimiento corporal o "Body-Scan". Recuerda que vas a ir ascendiendo desde los pies hacia la cabeza. (Guía del esquema corporal que seguir): – PIE + PIERNA (derecha) / PIE + PIERNA (izquierda) – INGLE + CADERA – ABDOMEN + ZONA LUMBAR – TORAX + ZONA DORSAL – MANO + BRAZO + HOMBRO (derecho) / MANO + BRAZO + HOMBRO (izquierdo) – CUELLO + ROSTRO + CABEZA
DESCRIPCIÓN ⓘ	• **Comenzamos el reconocimiento corporal o "Body-scan":** *Pon toda tu atención en el PIE DERECHO.* *Trata de llevar la respiración a esta zona de tu cuerpo. No pienses en el pie derecho, siéntelo.* *Imagina cómo, al inspirar el aire por la nariz, llega directamente hasta el PIE DERECHO (pasando por la garganta, los pulmones, el abdomen y bajando por la pierna derecha hasta llegar al pie). Luego imagina que espiras el aire desde el pie y sube haciendo el mismo recorrido de vuelta hasta salir por la nariz.* *Permítete sentir todas las sensaciones que te llegan del pie derecho. Una vez que identifiques la sensación, déjala ir, para seguir atento a la exploración de tu cuerpo.* *Si por el momento no sientes nada, no importa. Es muy importante que te permitas la sensación de "no siento nada".* *Ahora trata de centrar tu atención en la PIERNA DERECHA...* (Repite las instrucciones anteriores con el resto de partes del cuerpo.) • **Respiración de cierre:** *Termina haciendo varias respiraciones profundas inspirando el aire por el "agujero imaginario" que hay en la parte más alta del cráneo, en la coronilla. Cuando inspiras, el aire entra por la cabeza y sale por los pies, cruzando todo el cuerpo. A continuación imaginas que inspiras el aire desde los pies y sale por ese "agujero" de la cabeza, volviendo a recorrer todo el cuerpo hacia arriba. Respira así durante unos minutos.*

(Continúa)

DESCRIPCIÓN ⓘ	• **Tiempo de reposo:** *Al finalizar la exploración corporal quédate en silencio y en calma. Siente por un momento las sensaciones que te llegan de todo tu cuerpo.* • **Despertar:** Ahora, sin ninguna prisa, vas a comenzar a mover poco a poco los dedos de los pies, piernas, caderas, tronco, espalda, manos, brazos, hombros, cuello y cabeza. Poco a poco ve "despertando" el cuerpo desde los pies hasta la cabeza. Después de este ejercicio recomendamos registrar en un papel o en el "diario emocional" la experiencia vivida.

Reconocimiento corporal o "Body-Scan"

Esta es una práctica para desarrollar la atención plena, la concentración, la flexibilidad de la atención, la calma, la conciencia del presente y la conciencia de los cambios reales de nuestro cuerpo. Entre los grandes descubrimientos que se experimentan con esta práctica podemos destacar: por un lado, darnos cuenta de que nuestro cuerpo está en constante movimiento y cambio; que no permanece igual cada vez que lo observo; que hay continuamente vida y movimiento en su interior, etcétera, y por otro lado, que somos capaces de prestar una atención minuciosa al cuerpo y a cualquiera de los pensamientos y sensaciones que podamos tener, sin darle importancia alguna a su contenido.

Esta práctica se puede hacer completa o por zonas específicas del cuerpo (por ejemplo, solo los pies y piernas, o solo manos, brazos y hombros), de tal forma que el ejercicio se divide en varias prácticas a su vez, que se pueden hacer en varias sesiones de entrenamiento.

PRÁCTICA Nº 19

ATENCIÓN AL CUERPO:
Conciencia orgánica

30 min

OBJETIVO	Entrenar la atención sostenida y no valorativa a través de un recorrido consciente por nuestro organismo y las sensaciones y emociones que percibimos.
MATERIALES	Se aconseja ropa amplia y un asiento/colchoneta que permita adoptar una postura cómoda, pero que favorezca mantenerse "despierto" durante la práctica. Manta ligera para evitar la incómoda sensación de frío (sobre todo en el caso de realizarse tumbado). Papel (o "diario emocional") y lápiz.
DESCRIPCIÓN	*Déjate llevar por las instrucciones que vas a recibir y concéntrate en la práctica. No se trata de sentir nada en concreto ni llegar a ningún resultado esperado. Comenzamos:* **Visualiza y percibe tus órganos internos** *Siéntate o túmbate sobre una superficie cómoda en la que puedas "mantenerte despierto". Es importante que trates de no quedarte dormido.* *Ahora vas a visualizar y localizar en tu cuerpo cada uno de los órganos vitales que se van a mencionar a continuación.* *Puedes utilizar las manos para sentir con más facilidad cada órgano interno en tu cuerpo, siempre que sea posible. Cuando toques suavemente estas zonas con las manos siente que los músculos y los tejidos que rodean estos órganos comienzan a relajarse.* *Percibe cada área durante un par de minutos como mínimo.* • **el intestino delgado** (en el área del ombligo) • **el hígado** (en el lado derecho de la caja torácica)

(Continúa)

- **el estómago**, **el páncreas y el bazo** (todos más o menos en el lado izquierdo de la caja torácica).
- **el colon y el intestino grueso**. (El colon se extiende desde el extremo del intestino delgado que se encuentra próximo al hueso derecho de la cadera hasta el lado derecho del abdomen, luego tuerce hacia la zona del hígado, detrás de las costillas, en el lado derecho del tronco. A continuación cruza la parte frontal del cuerpo; en algún punto entre el esternón y el ombligo vuelve a girar por detrás de las costillas sobre el lado izquierdo del tronco, para finalmente descender hacia la cadera izquierda. Cerca de este punto forma un ángulo hacia el centro del cuerpo y se dirige hacia el ano.)
- **el corazón** (más o menos en el centro del pecho)
- **los pulmones** (a ambos lados de tu corazón)
- **los riñones** (protegidos por las costillas inferiores, a ambos lados de la espalda).

DESCRIPCIÓN
ⓘ

Siente los movimientos externos de tu respiración

Órgano a órgano comprueba si puedes percibir cualquier movimiento en cada órgano mientras respiras con atención plena. Observa qué sucede cuando inspiras y espiras. Concédete al menos dos minutos en cada órgano interno.

Profundiza en la sensación

Ahora vuelve a llevar a cabo el mismo ejercicio, pero esta vez deja que tu atención profundice en tu percepción. A medida que sientas los movimientos de tu respiración permítele experimentar la influencia que reciben tus órganos internos.

Coloca las manos sobre la mitad del pecho, como hiciste antes. ¿Puedes percibir que el diafragma ejerce presión sobre algunos de tus órganos mientras inspiras? ¿Sobre cuáles? ¿Qué sucede cuando espiras?

(Continúa)

DESCRIPCIÓN ⓘ	**Incluye tus emociones** *Vuelve a hacer el ejercicio, pero esta vez incluye cualquier sensación de calidez, frío, sequedad o humedad, dentro o alrededor de los órganos internos.* *Al mismo tiempo nota cualquier emoción que pueda presentarse. Evita sumergirte en ellas, analizarlas o juzgarlas. Solo limítate a incluirlas dentro de tus percepciones. Ahora tienes conciencia orgánica global de ti mismo.* Después de este ejercicio recomendamos registrar en un papel o en el "diario emocional" la experiencia vivida.

Conciencia orgánica

Al igual que en la práctica de reconocimiento del cuerpo o "Body-Scan", esta es una nueva práctica para desarrollar la atención plena, la concentración, la flexibilidad de la atención, la calma, la conciencia del presente y la conciencia de los cambios reales de nuestro cuerpo.

Este ejercicio permite también diferenciar con claridad lo que es una sensación y una percepción: la sensación, como la respuesta de nuestros órganos de los sentidos ante un estímulo, y la percepción, como la actividad de órganos sensoriales y cerebro para organizar, interpretar, analizar e integrar dichos estímulos. Es decir, la percepción incluye la interpretación de nuestras sensaciones.

PRÁCTICA Nº 20

ATENCIÓN A LA POSTURA:
Meditación sentada

15 min

OBJETIVO	Practicar la atención plena experimentando la postura sedente que se mantiene durante toda la práctica.
MATERIALES	Se aconseja ropa amplia y un asiento cómodo que permita adoptar una postura erguida pero relajada, que favorezca mantenerse "despierto" durante el ejercicio. Papel (o "diario emocional") y lápiz.
DESCRIPCIÓN	*Con los ojos cerrados centra toda la atención en el cuerpo. Trata de sentir la postura en la que te encuentras. Intentando no pensar si estás cómodo o incómodo, o si te gusta o no hacer esto. De lo que se trata es de que seas capaz de no juzgar la postura aceptándola tal cual es.* *Siente el contacto de los pies con el suelo. Concéntrate en sentir cómo están las rodillas y las piernas (recuerda que no se trata de pensar en ellas, sino de sentirlas y aceptarlas tal y como están).* *Ahora céntrate en sentir el contacto del cuerpo con la silla (los glúteos con el asiento y la espalda con el respaldo). Siente también el cuello y la cabeza.* *Por último, concéntrate en sentir todo el cuerpo tal y como está ahora, en la postura de "sentado".* *Recuerda que si la mente se enreda con algún pensamiento, sonido, sensación, imagen, etcétera, debes volver a poner toda tu atención consciente en la postura sedente en la que te encuentras.* *Cuando te des cuenta de que te has distraído porque estás "enredado" mentalmente con algún pensamiento, juicio, imagen, etcétera, apóyate en la respiración para volver a la práctica con atención plena allí donde se haya interrumpido.* Después de este ejercicio recomendamos registrar en un papel o en el "diario emocional" la experiencia vivida.

Meditación sentada

La meditación implica “no hacer”, no esperar nada, no buscar nada concreto. Todo lo contrario, se trata de sentirnos donde ya estamos; en esta práctica, tratamos de tomar conciencia de nosotros mismos sentados en una silla, un cojín, el suelo, etcétera, sin más.

Muchas veces poder parar y tener un rato en el que “solo” estar sentados cómodamente puede resultar todo un lujo para nosotros. Corremos el riesgo de enfocar la práctica de sentarnos a meditar como una nueva “obligación” que se suma al listado de todo lo que ya nos autoimponemos “hacer” cada día. Pero mindfulness o el estado de conciencia plena no es algo más que hacer. Es un modo de “ser” y de “estar” en el aquí y el ahora. Es una forma de vivir.

PRÁCTICA Nº 21

ATENCIÓN A LA POSTURA:
Meditación de pie

20 min

OBJETIVO	Desarrollar la atención plena tomando conciencia del cuerpo y del equilibrio en cada una de las posturas corporales que se proponen.
MATERIALES	Se aconseja ropa cómoda. Papel (o "diario emocional") y lápiz.

DESCRIPCIÓN

A partir de la postura de estar de pie vas a experimentar varias posturas corporales. Se trata de darte cuenta de la postura en la que estás y de todas las sensaciones que constantemente te llegan a través del cuerpo. Trata de mantenerte tranquilo y con la atención muy centrada en la práctica.

En todo momento intenta que la mente no se distraiga con otra cosa que no sea sentir la postura. Para eso es muy importante que trates de no juzgar lo que estás haciendo, ni pensar en si estás cómodo o incómodo.

En cuanto te des cuenta de que has dejado de estar presente en la actividad, ya sabes cómo centrar de nuevo y mantener una atención no valorativa. Continúa la práctica con atención plena.

Cada una de las siguientes posturas se experimenta primero con los ojos abiertos y luego con los ojos cerrados, sin dejar de estar concentrado en la práctica y en las sensaciones percibidas. Entrenamos la atención plena manteniendo cada postura entre 3 y 5 minutos.

Comenzamos:

- **Contacto con el suelo:** *Comienza de pie, con una postura libre, tratando de sentir lo firme que es el suelo sobre el que estás.*

(Continúa)

DESCRIPCIÓN ⓘ	• **Conciencia del peso corporal:** *Pon todo el peso sobre el pie derecho y, tras unos 5 segundos, ponlo sobre el izquierdo. Ve alternando el peso en ambos pies.* • **Pies separados:** *Pies separados de acuerdo con el ancho de las caderas.* • **Pies juntos:** *Pies juntos.* • **Postura de la gacela:** *A modo de una gacela mantén una pierna estirada y la otra doblada (rodilla plegada y mirando hacia delante). Trata de mantener el equilibrio. Luego, cambia de pierna.* Después de este ejercicio recomendamos registrar en un papel o en el "diario emocional" la experiencia vivida.

Meditación de pie

Mantenernos de pie refleja la actitud de permanecer conscientes en la vida cotidiana. La postura, el reparto del peso o el equilibrio pueden ser algo de lo que no somos en absoluto conscientes y sucede por sí mismo, o pueden facilitarnos la oportunidad de estar plenamente presentes en esta posición.

Mantenernos de pie también nos conecta con una postura de dignidad personal al ser conscientes de nuestra existencia, de nuestro valor humano, en una mezcla de atención e intención consciente.

PRÁCTICA Nº 22

ATENCIÓN A LA POSTURA:
Conciencia corporal "en el aquí y en el ahora" 45 min

OBJETIVO	Experimentar con atención plena las posturas corporales y los cambios percibidos en cada una de ellas.
MATERIALES	Se aconseja ropa amplia y un asiento cómodo que permita adoptar una postura erguida pero relajada durante la práctica. Colchoneta o manta que nos aísle del suelo. Papel (o "diario emocional") y lápiz.

Vas a entrenar la atención plena a través de una secuencia de tres posturas físicas: meditación sentada, meditación de pie y meditación tumbada.

Comienza sentado. (Al finalizar, debes repetir las mismas instrucciones en las otras dos posturas: de pie y tumbado. Unos 15 minutos por postura.)

- **Meditación sobre el cuerpo:** *Centra toda la atención en el cuerpo, tratando de sentir la postura en la que estás. No se trata de pensar si te gusta o no estar así, o en si es agradable o desagradable. Observa la postura sin juzgarla y trata de aceptarla tal y como es. Para el entrenamiento que estás realizando es importante tratar de mantenerte concentrado en el cuerpo todo el tiempo posible.*
- **Meditación sobre el movimiento interno:** *Dirige ahora la atención al interior del cuerpo. Intenta percibir los movimientos que te llegan del interior del organismo (riego sanguíneo, latidos del corazón, respiración, movimientos gástricos, etcétera). Sigue alerta y observando cualquier movimiento interno del organismo.*
- **Meditación sobre el movimiento externo:** *En este momento pon tu atención en el exterior que te rodea. Observa cualquier movimiento que te llegue de la habitación en la que estás, de otras dependencias contiguas*

(Continúa)

DESCRIPCIÓN
ⓘ

y de la calle. Trata de no pensar en todo lo que estás percibiendo y que procede del entorno. Simplemente, cuando escuches algo identifícalo y déjalo pasar para poder seguir prestando atención a todo lo que continúas percibiendo.

- **Meditación sobre el movimiento interno y externo:** Por último, centra toda la atención en el cuerpo, en lo que sucede dentro de él y en lo que sucede a tu alrededor. Ahora eres consciente de los movimientos internos de tu cuerpo y los movimientos externos del entorno que te rodea. Ahora estás percibiendo la realidad tal y como es: como un todo.

Es muy importante recordar que cuando te des cuenta de que te has distraído, observes qué es aquello que captó tu atención y vuelvas a centrar tu atención de nuevo en percibir "el aquí y el ahora" a través de esta práctica.

Después de este ejercicio recomendamos registrar en un papel o en el "diario emocional" la experiencia vivida.

Conciencia corporal "en el aquí y en el ahora"

Esta meditación incluye tres prácticas basadas en posturas físicas diferentes: estar tumbados, sentados o de pie. El ejercicio es el mismo en cada una de las posturas mencionadas. Se puede hacer solo en una postura (por ejemplo, sentados) o en varias (por ejemplo, sentados y de pie, si no es fácil hacerlo tumbado por problemas de espacio o dificultades físicas).

Meditación tumbado (yacente)

Meditación sentado (sedente)

Meditación de pie

PRÁCTICA N° 23

ATENCIÓN A LA POSTURA:
Meditación del árbol

30 min

OBJETIVO

Experimentar la calma de la atención plena a través del cuerpo y del contacto con nuestro entorno.

MATERIALES

Se aconseja ropa cómoda.
Entorno natural o imagen (árboles o arbustos).
Papel (o "diario emocional") y lápiz.

DESCRIPCIÓN

Comienza tomando conciencia de estar de pie.

En este momento imagina que te conviertes en un árbol. Puedes elegir el que más te guste o transformarte en el primero que venga a tu cabeza. Si cierras los ojos, podrás sentir más sensaciones con más claridad.

Siente cómo te crecen las raíces desde la planta de los pies y van penetrando en el suelo sobre el que estás. Si te concentras en tu interior, posiblemente puedas sentir un ligero balanceo en tu cuerpo, como cuando el viento mece las ramas, las hojas y los frutos del árbol. No fuerces ese pequeño movimiento, deja que surja de manera natural. Si no lo sientes, no pasa nada. Permítete "no sentir nada".

No te muevas del sitio, recuerda que estás enraizado en la tierra que hay debajo de ti. Permanece en contacto con la respiración y percibe todo lo que te llega de tu entorno.

Si estás realizando la práctica con otra(s) persona(s): *Ahora, siente el árbol que se encuentra más cerca de ti. Escúchalo, capta su presencia. Aunque no te puedes mover de tu sitio, imagina que puedes tocarlo con la mente y con el cuerpo.*

Vuelve a la respiración, tantas veces como sea necesario para mantenerte en el momento presente. Siente tu propio cuerpo de pie, respirando, existiendo, momento a momento.

Ahora:

(Continúa)

DESCRIPCIÓN ⓘ	• Explora el contacto con el aire a través de la respiración. • Explora el contacto con el suelo a través de los pies. • Explora el contacto con los sonidos del entorno a través del oído. • Explora el contacto con la luz, el color y las sombras a través de la vista. • Explora el contacto con los pensamientos que puedan surgir en tu mente y déjalos pasar. • Explora este momento, ahí, de pie. Después de este ejercicio recomendamos registrar en un papel o en el "diario emocional" la experiencia vivida. Breve reflexión individual final: *¿Qué puede enseñarte un árbol? ¿Puedes aprender algo sobre la calma? ¿Y sobre estar en contacto con lo que nos rodea?* Puesta en común: espacio para compartir la experiencia y lo que hemos aprendido en este ejercicio.

Meditación del árbol

> «Los mejores maestros de meditación de pie son los árboles.»
>
> KABAT-ZINN

Sería ideal para hacer esta meditación, aunque no es un requisito imprescindible, colocarse de pie junto a un árbol, arboleda o arbustos, o desde una ventana desde la que se vea un paisaje verde.

Cada uno puede elegir cerrar los ojos o mantenerlos abiertos, como le resulte más cómodo. Durante el ejercicio tratamos de mantenernos en calma.

Atención al movimiento

Conscientes del movimiento

Nuestro cuerpo tiene como actividad central el movimiento. Constantemente hay movimiento en él (aunque cuando descansamos todo parece "apagarse").

En el bloque anterior de nuestro entrenamiento ya hemos tenido la experiencia real del movimiento interior corporal y del movimiento exterior de nuestro entorno. En este apartado vamos a centrarnos en fortalecer un estado de atención plena a partir de generar movimientos intencionados en el cuerpo. Es decir, llevar nuestra atención a la experiencia real del cuerpo en movimiento, tanto en prácticas psicofísicas muy sencillas, como en ser conscientes de nuestra forma de caminar. Estamos convencidos de que es una gran manera de añadir conciencia a nuestra vida.

Con el cuerpo en movimiento podemos evidenciar con claridad cómo la mente continúa con sus procesos y hábitos activos. Por ejemplo, es rarísimo que solo caminemos cuando salimos a "dar una vuelta". A todos nos es familiar la sensación de estar absortos en nuestros pensamientos: nos centramos en el punto de destino, prevemos las cosas que sucederán cuando regresemos a casa, repasamos tareas futuras, reevaluamos acciones pasadas, etcétera. Y todo ello mientras nuestro cuerpo está en movimiento.

Continuamos entrenando nuestra conciencia plena a partir de nuevas prácticas en las que nos aseguramos de que cuerpo y mente están centrados en la experiencia de lo que estamos viviendo en cada momento.

Aprendiendo de lo leído de los autores consagrados en esta materia podemos afirmar que el cuerpo suele ser "el chófer de la mente".

Si la mente está acelerada o estresada, el cuerpo responde yendo de acá para allá a toda prisa. Si la mente está relajada, el cuerpo se detiene y se mantiene en un estado de calma. Si la mente está distraída, el cuerpo sigue sus instrucciones según van surgiendo. Si la mente se interesa por algo del entorno, inmediatamente nuestra cabeza gira, nuestros ojos y oídos apuntan a ese estímulo que tanto nos ha llamado la atención y el cuerpo para o cambia de dirección.

Si observamos nuestro comportamiento durante un día, podremos presenciar cómo el cuerpo suele "cumplir las órdenes" de la mente. Y, como señala Kabat-Zinn, todo ocurre sin que nos demos cuenta.

24. Prácticas psicofísicas con atención plena
25. El paseo meditativo

PRÁCTICA Nº 24

ATENCIÓN AL MOVIMIENTO: **Prácticas psicofísicas con atención plena**	20 min
OBJETIVO	Ser conscientes de cada postura, el movimiento que hacemos y de las sensaciones físicas que van surgiendo en nosotros durante los ejercicios.
MATERIALES	Se aconseja ropa cómoda y un espacio amplio (aire libre o interior). Papel (o "diario emocional") y lápiz.
DESCRIPCIÓN	*Como en toda práctica de mindfulness o atención plena trata de no pensar si estás cómodo o incómodo, o si te gusta o no hacer esto. Es importante que seas capaz de no pensar en lo que haces, sino que toda la atención esté en la experiencia de vivir el ejercicio tal y como es.* *Cuando te des cuenta de que te has distraído, observa qué es aquello que captó tu atención y regresa enseguida a la práctica, apoyándote exclusivamente en la respiración que surge en ese mismo instante.* **Despertar el cuerpo** *De pie, haz ligeros movimientos para soltar y activar todo el cuerpo (pies - piernas, columna - tronco, manos - brazos y cuello - cabeza).* **Giros del cuello y cabeza** *Ahora vas a hacer diferentes giros del cuello y cabeza con mucha suavidad, sintiendo el estiramiento muscular sin forzarlo en ningún momento. Recuerda que el objetivo es mantenerte en forma, pero entrenando en un estado de atención plena.*

(Continúa)

DESCRIPCIÓN
ⓘ

- **Hacia delante:** *Comienza girando el cuello hacia delante, tratando de bajar la barbilla al pecho. Nota el estiramiento en la zona posterior del cuello. Respira con naturalidad.*
- **Hacia atrás:** *Ahora gira el cuello hacia atrás. Siente el estiramiento en la zona delantera del cuello, como si la barbilla quisiera ir hacia atrás y arriba. No fuerces nada. Hazlo sencillo.*
- **Extensión hacia la derecha e izquierda:** *Desde la posición neutra (postura vertical),y manteniendo la mirada al frente, gira lentamente el cuello hacia la derecha. Siente todo el estiramiento del lateral izquierdo del cuello al tratar la oreja derecha de tocar el hombro derecho. Ahora haz lo mismo hacia el lado izquierdo, sintiendo toda la extensión del lateral derecho del cuello.*
- **Giro hacia la derecha e izquierda:** *Desde la posición neutra (postura vertical) gira lentamente el cuello y la cabeza hacia la derecha. Mantén la mirada en un punto fijo mientras te concentras en sentir todo el estiramiento del lateral izquierdo del cuello al girar. Ahora haz lo mismo hacia el lado izquierdo, sintiendo toda la extensión del lateral derecho del cuello.*
- **Giros completos de cuello:** *Desde la posición neutra (postura vertical) gira suavemente el cuello tocando "los cuatro puntos cardinales": abajo, derecha, atrás e izquierda. No fuerces nada y asegúrate de que el giro sea lento, suave y seguido (sin paradas). Ahora cambia la dirección del giro (abajo, izquierda, atrás y derecha). Alterna ambos sentidos.*

Respiraciones profundas con brazos

- **Fuera-dentro:** *Inspira suave y profundamente el aire por la nariz mientras elevas los brazos rectos por fuera (haciendo un círculo desde las caderas hacia la cabeza). A continuación suelta el aire suavemente por la nariz, mientras bajas los dos brazos, con las palmas de las manos mirando hacia el cuerpo, por delante de la cabeza,*

(Continúa)

pecho y abdomen, hasta soltar los dos brazos relajados al lado del cuerpo (3 repeticiones).

- **Dentro-fuera:** *Inspira suave y profundamente el aire por la nariz mientras vas subiendo las manos, con las palmas mirando hacia el cuerpo, desde la ingle, al abdomen, pecho y cabeza. Al estirar los brazos sobre la cabeza, comienza a soltar el aire por la nariz mientras vas bajando los brazos rectos por fuera (haciendo un círculo desde la cabeza hasta las caderas), hasta soltar los dos brazos relajados al lado del cuerpo* (3 repeticiones).

Giros de cadera

DESCRIPCIÓN ⓘ

Coloca los pies separados según el ancho de las caderas, en paralelo y con la punta mirando al frente. Con las manos en las caderas haz suaves giros de caderas y cintura en un primer sentido (de derecha a izquierda) y luego cambia el sentido (de izquierda a derecha). Revisa que la columna se mantenga siempre lo más recta posible, como si una cuerda sujeta a nuestra coronilla nos estirara hacia arriba. Solo giran las caderas y la cintura (5 repeticiones a cada lado).

Estiramientos de tronco y brazos

- **Arriba:** *Estira los brazos hacia arriba como si quisieras tocar el cielo o el techo. Intenta crecer todo lo que puedas hacia arriba, manteniendo el equilibrio de puntillas unos instantes. Vuelve a la posición neutra vertical. Repite el ejercicio* (5 repeticiones).
- **Lateral:** *Estira el brazo izquierdo hacia la derecha, alargando el costado izquierdo. Luego estira el brazo y costado derecho hacia el lado izquierdo. Vuelve a la posición neutra vertical y repite el ejercicio* (5 repeticiones a cada lado).
- **Abajo:** *Poco a poco baja la cabeza, redondeando la espalda mientras los brazos cuelgan hacia el suelo hasta tocarlo con las manos (si no se llega, se pueden doblar ligeramente las rodillas). Siente la espalda estirándose y deja que el tronco caiga totalmente hacia abajo.*

(Continúa)

Ahora deshaz el ejercicio: poco a poco vuelve a la posición neutra vertical redondeando la espalda hasta estirarla de nuevo. Lo último que debes subir es el cuello y la cabeza. Repite el ejercicio (5 repeticiones).

DESCRIPCIÓN ⓘ

Vuelta a la calma (respiración consciente)

Durante unos minutos realiza alguna de las prácticas de respiración del PINEP. (Revisar los ejercicios propuestos en este manual, en el bloque de atención a la respiración.)

Después de este ejercicio recomendamos registrar en un papel o en el "diario emocional" la experiencia vivida.

Prácticas psicofísicas con atención plena

Los ejercicios psicofísicos que proponemos sirven para mantener en forma el cuerpo y la mente. Con estos ejercicios desarrollamos un estado mental de concentración y tranquilidad y un estado físico saludable. Para ello es muy importante que te asegures de que tienes toda la atención puesta en el cuerpo y en los ejercicios descritos. Se pueden incorporar numerosos ejercicios de gimnasia, yoga, pilates, taichi, etcétera. Lo importante de este entrenamiento es que se haga en un estado de conciencia plena.

PRÁCTICA Nº 25

ATENCIÓN AL MOVIMIENTO:
Meditar caminando — 20 min

OBJETIVO	Entrenar la atención plena al tomar conciencia del cuerpo, de la postura, del movimiento y del equilibrio al caminar.
MATERIALES	Se aconseja ropa cómoda y un espacio amplio. Papel (o "diario emocional") y lápiz.
DESCRIPCIÓN	*Esta práctica consiste en caminar por el espacio en el que te encuentras, tratando de percibir las sensaciones que se producen en tu cuerpo mientras caminas.* *Es importante que durante todo el ejercicio mantengas la mirada fija al frente, sin observar tus pies ni lo que te rodea. Trata de mantenerte tranquilo y con la atención muy centrada en el ejercicio.* *No sirve de nada darse prisa porque no pretendes llegar a ningún lado. Mantente muy presente en cada paso que das y sé consciente de dónde estás en cada momento.* *Comenzamos: Vas a recorrer la habitación/espacio en el que te encuentras, en línea (de arriba abajo) o en círculos, como prefieras. La idea es que este recorrido fijo hará que la mente descanse y no tenga que pensar en nada. Recuerda que no tienes un lugar al que ir y que no va a ocurrir nada interesante en el camino. Por eso concéntrate en cómo caminas.* *Si te enredas mentalmente con otra cosa y te distraes con algo que no sea caminar, apóyate en la "respiración de aterrizaje en el aquí y en el ahora" y continúa caminando con toda la atención plena en el movimiento que en ese instante se está produciendo en tus pies, piernas, brazos, tronco, etcétera.* Se puede caminar solo despacio o cambiar de velocidad, acelerando progresivamente la marcha.

(Continúa)

Caminar despacio con atención plena (10 min)

Siente el movimiento del pie que inicia el paso, se levanta y entra en contacto con el suelo cuando se apoya en él.

Siente el cambio del peso del cuerpo sobre el pie que ahora está apoyado en el suelo.

Sé consciente del movimiento del otro pie que comienza a levantarse del suelo y se adelanta para iniciar el paso, apoyándose a continuación en el suelo.

Sigue este mismo proceso de atención a cada paso que des en la marcha.

DESCRIPCIÓN ⓘ

Acelera la marcha (opcional)

Después de unos minutos de meditación caminando despacio puedes acelerar la marcha (paso normal), dirigiendo la atención a los pasos, movimientos y sensaciones que percibes en tu cuerpo.

Trata de mantenerte tranquilo, con la mirada al frente y con la atención muy centrada en el ejercicio. No intentes ir a ninguna parte en concreto. Si estás en grupo, trata de no seguir a nadie.

Caminando muy rápido (opcional)

Aumenta la velocidad de tu marcha. Continúa atento a las sensaciones que percibes porque los pasos son demasiado rápidos para estar concentrados en ellos. Siente la aceleración y tensión física general en tu cuerpo.

Al terminar, nos detenemos y permanecemos de pie unos instantes sintiendo todas y cada una de las sensaciones físicas que identificamos (respiración, ritmo cardiaco, tono muscular, etcétera).

Después de este ejercicio recomendamos registrar en un papel o en el "diario emocional" la experiencia vivida.

Meditar caminando

Una de las cosas que advertimos a medida que vamos practicando la atención plena es que nada es tan sencillo como parece. En esta práctica no se trata de mirarnos los pies cuando caminamos. Se trata de llevar nuestra atención a la experiencia real de caminar cuando lo hacemos, y esto implica, sencillamente, caminar y saber lo que hacemos.

No cabe ninguna duda de que sabemos caminar por nosotros mismos. No obstante, con esta práctica vamos a fortalecer nuestra capacidad de observación interior cuando lo hacemos.

Atención a la mente

> «La conciencia y el pensamiento no son lo mismo. La conciencia transciende el pensamiento, aunque utiliza el pensamiento y reconoce su valor y su poder. La conciencia es parecida a "un recipiente" que puede abarcar y contener nuestro pensamiento. Nos ayuda a ver nuestros pensamientos y a reconocerlos como tales para que no nos quedemos atrapados en ellos creyendo que son la realidad.»
>
> KABAT-ZINN, 2009

Liberarse de la esclavitud de la mente

En este apartado de prácticas nos centraremos en aprender a observar cómo está nuestra mente y qué hay en ella en cada momento: nuestros pensamientos, sentimientos y sensaciones físicas.

Cuando meditamos sobre nuestra mente lo que hacemos es observar, darnos cuenta de lo que pensamos y sentimos "aquí y ahora". Para ello tratamos de no juzgar si nos gusta o no lo que sentimos. Es lo que sentimos y lo aceptamos, en vez de tratar de cambiar nuestra experiencia pensando en otra cosa o negando que las cosas son como son. Es decir, nos convertimos en "observadores" en vez de ser "jueces" que todo lo evalúan o juzgan.

Como se puede ver en esta propuesta de prácticas de la inteligencia emocional plena, vivir nuestros estados de ánimo, nuestras respuestas emocionales y sentimientos con conciencia plena es una forma eficaz de regularlos (independientemente de si son positivos o negativos, agradables o desagradables, adecuados o inadecuados, etcétera).

Si aprendemos a observar lo que hay en nuestra mente, podremos darnos cuenta de que muchas veces nos dejamos llevar por una forma de pensar que nos limita a vivir las cosas de una manera determinada. Es lo que se llama ***patrones de pensamiento***.

Por ejemplo, si yo pienso que ir a trabajar es un fastidio y que existen muy pocos empleos de calidad, iré sin ganas a trabajar cada día y, posiblemente, me cueste siempre mucho encontrar un trabajo que me satisfaga (ya que el pensamiento "trabajar es un fastidio", entre otras cosas, me desmotiva y me impide disfrutar del lado positivo de mi actual empleo).

Por eso es muy importante aprender a identificar y a soltar (dejar pasar) lo que pensamos y sentimos en un momento dado; y volver a poner toda la atención en lo que estamos viviendo en este momento como un instante totalmente nuevo y desconocido que nunca hemos vivido. Es ver las cosas con *una mente de aprendiz* (uno de los requisitos para la práctica de la atención plena, que ya hemos visto en el apartado teórico de mindfulness de este libro).

En el ejemplo anterior, al levantarme por la mañana observo cómo está mi mente y me doy cuenta de que ya estoy pensando lo de siempre: "ir a trabajar es un fastidio". En ese mismo momento acepto el pensamiento (sin pensar si es bueno o malo reflexionar sobre eso) y lo dejo pasar para saltar con energía de la cama y centrarme en vivir lo que sucede a cada momento. Entonces, ya me estoy preparando para dejar que el día se muestre a sí mismo tal y como va a ser a lo largo de la jornada, para aprender cosas nuevas y ver a mis compañeros. De esta manera, ya no nos "condenamos" a que el día sea de una manera determinada.

Para cultivar la conciencia plena a través de la atención en la mente, la clave fundamental está en poder distinguir entre el:

- Estado de la mente (¿cómo está tu mente en este momento?, ¿en calma?, ¿agitada?)
- Contenido de la mente (lo que ocupa tu mente en este momento: sensaciones, pensamientos o sentimientos).

Con las prácticas que proponemos a continuación pretendemos dar pautas para aprender a salir de la "cárcel mental" en la que a menudo nos encerramos por no ser conscientes de lo que solemos pensar (incluyendo los patrones de pensamiento aprendidos), lo cual siempre condiciona nuestro comportamiento, aunque muchas veces sean valoraciones erróneas.

26. Meditación sobre la mente (estado y contenido de la mente)
27. La cascada de pensamientos

PRÁCTICA Nº 26

ATENCIÓN A LA MENTE:
Meditación sobre la mente (estado y contenido de la mente)

15 min

OBJETIVO	Cultivar la conciencia plena a través de la atención al estado y el contenido de la mente.
MATERIALES	Preferiblemente, se aconseja ropa amplia y un asiento cómodo que permita adoptar una postura erguida pero relajada, que favorezca mantenerse "despierto" durante la práctica. Papel (o "diario emocional") y lápiz.
DESCRIPCIÓN	*Simplemente, para un momento, siéntate y observa.* *Ahora piensa en algo que te ha pasado recientemente y que te afectó bastante (emoción evocada). Visualiza esa situación en tu mente y conecta con lo que pensaste y sentiste en ese momento.* • **Identifica el estado de tu mente** (¿cómo está ahora tu mente?, ¿en calma?, ¿agitada?) • **Identifica el contenido de tu mente** (aquello que está ocupando tu mente en este momento y que genera tu estado actual): –Céntrate en las sensaciones físicas: ¿qué percibes?, ¿qué sientes? (sonidos, olores, temperatura, tensiones, nudos, etcétera) –Observa ahora tus pensamientos: ¿piensas en algo? (ideas, recuerdos, imágenes, etcétera) –Ahora atiende a tus sentimientos: ¿cómo te sientes? (estado emocional) *Sea lo que sea lo que esté causando tu sensación de insatisfacción o malestar, acéptalo porque ya está ahí. Es tu realidad en este momento. Permite que las cosas sean como*

(Continúa)

	son, sin luchar contra nada. Es importante que no te enredes en más pensamientos. *Apóyate en la respiración tantas veces como sea necesario para mantenerte con atención plena en este momento. Mira a ver cómo es ahora tu experiencia.*
DESCRIPCIÓN ⓘ	**Breve reflexión final** *¿Qué has experimentado haciendo el ejercicio?* *¿Para qué te puede servir darte cuenta de lo que estás pensando y sintiendo en un momento, por ejemplo, de frustración o de enfado?* Después de este ejercicio recomendamos registrar en un papel o en el "diario emocional" la experiencia vivida.

Meditación sobre la mente (estado y contenido de la mente)

Cuando nos sentimos insatisfechos o tenemos una sensación de que hay algo que nos falta o que no está bien, podemos mirar hacia adentro, a modo de experimento. En lugar de pensar en otra cosa o distraernos haciendo algo, podemos sentarnos y entrar en la respiración, aunque sea durante unos breves instantes.

Entonces, no forzamos nada. Se trata de no buscar nada concreto, de no esperar nada. Solo observar lo que pasa en mí. Esta es una buena manera de afrontar lo que estamos viviendo.

A continuación se adjunta una ficha para facilitar la práctica *Meditación sobre la mente (estado y contenido de la mente)*.

FICHA DE APOYO

Meditación sobre la mente (estado y contenido de la mente)

Estado de la mente
(estado en el que está tu mente en este momento)

¿Cómo está ahora tu mente?

...
¿En calma?
¿Agitada?

↔

Contenido de la mente
(lo que está ocupando tu mente en este momento y que genera tu estado actual)

- **Sensaciones físicas** (¿qué percibes?, ¿qué sientes? Sonidos, olores, temperatura, tensiones, nudos, etcétera).
- **Pensamientos** (¿piensas en algo? Ideas, recuerdos, imágenes, etcétera).
- **Sentimientos** (¿cómo te sientes? Tu estado emocional).

PRÁCTICA Nº 27

ATENCIÓN A LA MENTE:
La cascada de pensamientos

15 min

OBJETIVO	Tomar conciencia del "torrente de pensamiento" que normalmente hay en nuestra mente desde un estado de conciencia plena.
MATERIALES	Preferiblemente, se aconseja ropa amplia y un asiento cómodo que permita adoptar una postura erguida pero relajada, que favorezca mantenerse "despierto" durante la práctica. Papel (o "diario emocional") y lápiz.

Trata de mantenerte tranquilo y con la atención muy centrada en el ejercicio.

Con los ojos cerrados vas a visualizar una cascada con agua cayendo constantemente río abajo. ¿Puedes imaginarte la cascada?

Ahora vas a imaginar que esa cascada es una forma de ver tu proceso de pensar; es decir, que, en vez de agua, lo que cae por la cascada es la corriente de pensamientos que llegan continuamente a tu mente. (Meditación durante unos instantes.)

En este momentos pon toda tu atención más allá o detrás de los pensamientos que caen por la cascada. Imagina que estás entrando en la cueva que hay detrás de la cascada, en el interior de la roca. Para ello debes cruzar la cortina de agua que cae desde arriba. Ahora ya puedes mirar la cascada desde dentro. Sigues viéndola y escuchando el agua caer, pero estás totalmente fuera de ese torrente. Eres el observador.

En este momento puedes darte cuenta del torrente de pensamientos que normalmente llegan a tu mente y del que no sueles ser consciente.

(Continúa)

Sea lo que sea lo que venga a tu mente (un pensamiento, un sentimiento o una sensación) aprovéchalo para cultivar el estado de conciencia plena en ti:

- identifica que es lo que lo que llama tu atención (descríbelo sin juzgarlo),
- acéptalo porque está ahí,
- y deja que siga su curso catarata abajo.

DESCRIPCIÓN
ⓘ

Continúa observando ese torrente que sigue río abajo sin pensar en él. Trata solo de observarlo sin enredarte mentalmente en nada (ni siquiera en la imagen de la cascada).

Apóyate en la respiración profunda para recuperar la atención cuando te des cuenta de que te has distraído y vuelve a la práctica.

Después de este ejercicio recomendamos registrar en un papel o en el "diario emocional" la experiencia vivida.

La cascada de pensamientos

En esta práctica de atención plena volvemos a convertirnos en "observadores" de la mente. Para ello utilizamos la imagen mental de una cascada en la que constantemente corre el agua río abajo. En este caso, el agua pasa a ser el contenido habitual de la mente (sensaciones, pensamientos y sentimientos).

Al ver nuestros pensamientos como si fueran "una cascada" y practicar la atención plena, nuestros patrones de pensamiento cambian por sí mismos; aumenta la comprensión y la compasión en nuestra vida sin pretender cambiar o sustituir nuestros pensamientos por otros que sean mejores. Lo que cambia no son nuestros pensamientos, sino nuestra forma de relacionarnos con ellos una vez que comprendemos su naturaleza desde el punto del vista del observador.

Debemos recordar que la meditación no es elegir "pensar las cosas en positivo" (lo que sin duda puede resultar útil en muchas ocasiones). Al hacerlo estaríamos enredándonos en más pensamientos, independientemente de si son positivos o negativos. Y de lo que se trata es de identificarlos, aceptarlos (porque están ahí) y dejarlos pasar para seguir atentos al momento presente. Tal y como ocurre con el constante torrente que cae por la catarata y continúa su curso.

Atención en actividades de la vida cotidiana

> «Cultivar la plena conciencia del momento presente no significa que no se deban tener en cuenta las lecciones del pasado ni hacer proyectos para el futuro, sino que hay que vivir con lucidez la experiencia presente que los engloba.»
>
> MATTHIEU RICARD

Meditación en la vida cotidiana: transformación personal y social

Quien decide practicar la meditación está asumiendo, sea o no consciente de ello, cultivar un proceso personal que lleva al autoconocimiento y al desarrollo y transformación de todos los aspectos de su vida.

Es cierto que podemos entrenar la atención plena o meditar mientras hacemos cualquier tarea concreta. Para eso debemos asistir expresamente a la propia experiencia de hacerla. Es decir, estar presente en lo que estoy haciendo sin pensar en nada. Sin embargo, para poder evidenciar estos cambios necesitamos practicar cada día. Sí, cada día un rato, aunque nuestro ritmo de vida y nuestros hábitos no ayuden demasiado a disponer de esos minutos. Es un reto para todos los que decidimos incluir la meditación en nuestra rutina cotidiana: conciliarla con la vida familiar, laboral y social.

Tengamos presente que sin nuestra dedicación y compromiso con la práctica diaria difícilmente observaremos en nosotros los efectos beneficiosos y saludables que se han comentado en el apartado teórico sobre mindfulness de este libro.

Recordemos que incide directamente en cómo afrontamos cada jornada desde una perspectiva más amplia, en la que cada momento es totalmente nuevo, ya que somos conscientes de que nunca lo hemos vivido antes. Al ganar "distancia" respecto a las personas, acontecimientos, tareas, objetos, etcétera, que nos rodean, podemos ver las cosas desde otros puntos de vista a los usuales. También nos lleva a aceptar las cosas tal y como son y, si lo deseamos y está en nuestras manos, tratar de transformarlas sin necesidad de sufrir en el intento. Seremos testigos de cambios en nuestra habitual forma de ser y viviremos con más serenidad y autenticidad. Y esta será nuestra mejor contribución a la sociedad que construimos entre todos cada día, al mundo que compartimos y que es responsabilidad de todos nosotros.

28. Vivir cada día con atención plena

PRÁCTICA Nº 28

ATENCIÓN EN ACTIVIDADES DE LA VIDA COTIDIANA:
Vivir cada día con atención plena
(ser en el hacer)

...

OBJETIVO	Entrenar la atención plena en actividades de la vida cotidiana (aplicando todo lo aprendido y experimentado en el PINEP).
MATERIALES	Papel (o "diario emocional") y lápiz.
DESCRIPCIÓN	*Elige una tarea concreta de tu vida diaria. A partir de este momento vas a tratar de cultivar la atención plena mientras realizas la actividad que has seleccionado. Solo vive dicha experiencia tratando de disfrutarla y sin pensar en ella.* *Algunas tareas pueden ser, por ejemplo: lavarse los dientes, ducharse, preparar la comida, conversar con alguien, comer, conducir, etcétera. Es mejor que comiences asumiendo una sola actividad sencilla y rutinaria. Poco a poco puedes ir integrando nuevas tareas.* *Trata de mantenerte tranquilo y con la atención muy centrada en el ejercicio. Es importante recordar que eres un permanente "principiante", un "aprendiz" que desconoce lo que va a pasar y que permite que la realidad se descubra a sí misma tal y como es.* *Sea lo que sea que venga a tu mente cuando estés realizando la tarea con atención plena, identifícalo, acéptalo y déjalo pasar para seguir centrado en lo que estás haciendo en ese momento. Al distraerte puedes darte cuenta de lo diferente que es hacer algo con atención plena y sin ella.* Es muy recomendable anotar en un cuaderno o "diario emocional" cómo nos está yendo y lo que estamos aprendiendo con esta práctica.

Vivir cada día con atención plena (ser en el hacer)

Es el momento de aplicar todo lo que hemos aprendido, en nuestro entrenamiento diario, a nuestras actividades de la vida cotidiana.

Como ya hemos visto, una de las cosas que advertimos cuando vamos practicando la atención plena es que nada es tan sencillo como parece. Por un lado, nuestra mente permanece activa mientras hacemos una cosa (leemos, cocinamos, hablamos con alguien, conducimos, etcétera) y llegamos a encontrarnos totalmente fuera de la tarea porque estamos absortos en nuestros pensamientos. Por eso son frecuentes las veces que nos descubrimos a nosotros mismos haciendo algo mientras estamos mentalmente en otra(s) cosa(s). Llegados a este punto, ya tenemos información y herramientas suficientes para poder elegir vivir de otra manera: con conciencia plena del momento presente, del aquí y el ahora.

HOJA DE REGISTRO: *Vivir cada día con atención plena*

TAREAS COTIDIANAS:
Ejemplo: Ducharme cada día con atención plena

DÍA	VALORACIÓN PERSONAL Marca con un X: 1= sin atención plena / 10= máxima atención plena										OBSERVACIONES
Lunes	1	2	3	4	5	6	7	8	9	10	
Martes	1	2	3	4	5	6	7	8	9	10	
Miércoles	1	2	3	4	5	6	7	8	9	10	
Jueves	1	2	3	4	5	6	7	8	9	10	
Viernes	1	2	3	4	5	6	7	8	9	10	
Sábado	1	2	3	4	5	6	7	8	9	10	
Domingo	1	2	3	4	5	6	7	8	9	10	

Trabaja tus habilidades emocionales con atención plena

Introducción

En este apartado se van a ir presentando una amplia variedad de prácticas cuyo objetivo es desarrollar nuestras habilidades emocionales desde el prisma de la atención plena.

En cada habilidad hay dos niveles de intervención: intrapersonal (individual) e interpersonal (pareja o grupo).

Nivel intrapersonal

En las prácticas de este primer nivel, el objeto de la atención es un estímulo cargado emocionalmente. Esto nos ayudará a generalizar todo lo aprendido en este programa en las situaciones cotidianas que, normalmente, son de alto contenido emocional.

Al trabajar a nivel intrapersonal, los ejercicios propuestos pueden realizarse tanto en solitario como en grupo, ya que se trata de generar una experiencia interna, del propio sujeto, que no tiene por qué interactuar con otras personas.

En todo momento debemos tomar consciencia de los afectos que surgen de manera natural en nosotros, y no buscarlos intencionadamente. Una vez que aparecen es decisivo abordarlos con atención plena (como ya hemos aprendido en el entrenamiento previo).

Nivel interpersonal

En este segundo nivel tenemos la oportunidad de practicar una serie de ejercicios que nos ayudarán a desarrollar nuestra habilidad para poner atención, comprender y regular nuestras emociones de forma efectiva. Sin embargo, en este caso el estímulo "target" u objetivo será otro individuo o el grupo.

Por eso, para la realización de estas prácticas sí es obligatorio contar con otra persona o grupo. Al interaccionar con otras personas, gran parte de la atención recaerá directamente sobre la persona con la que compartimos la actividad.

Cuando el estímulo evocador es otro individuo suele incrementarse exponencialmente la complejidad de la tarea, pero también la posibilidad de generalizar esta práctica en nuestra vida cotidiana (en la que constantemente estamos interactuando con otras personas: familiares, vecinos, amistades, compañeros de trabajo, desconocidos, etcétera).

Percepción y expresión emocional plena

Sobre la percepción y expresión emocional plena

Ahora tenemos la oportunidad de practicar una serie de ejercicios que nos ayudarán a desarrollar nuestra habilidad para poner atención a las emociones de forma efectiva. La atención que aquí se propone no es una atención improductiva y lesiva para nuestra salud psicológica, sino que, muy al contrario, es el tipo de atención que nos puede ayudar a integrar una experiencia de manera positiva. No obstante, para ello es muy importante que no perdamos de vista que esta atención debe caracterizarse por la ausencia de juicios de valor sobre el estímulo observado.

Percepción y expresión emocional intrapersonal

PRÁCTICAS INEP:
29. Los globos
30. Escenas emocionales
31. Lectura de poemas

PRÁCTICA Nº 29

PERCEPCIÓN Y EXPRESIÓN EMOCIONAL INTRAPERSONAL:
Los globos

30 min

OBJETIVO	Enfrentarse de forma activa a una situación emocional de naturaleza negativa, observando cómo la atención plena tiene un efecto directo en la emoción sentida.
MATERIALES	Globos y alfileres. Papel (o "diario emocional") y lápiz.

Es más recomendable realizar esta práctica en pareja, aunque también se puede hacer de forma individual.

Pinchar el globo sin atención plena

(Si se trabaja con otra persona o en grupo) *Forma pareja con un compañero. Uno cogerá un globo, lo inflará y lo atará con un nudo, mientras el otro solo debe sostener un alfiler en su mano.*

En el caso de no trabajar en pareja, la misma persona sostiene el globo y el alfiler.

Una vez inflado el globo colócate frente a tu compañero y pincha el globo que tu compañero sostiene entre sus manos. Trata de guardar esta situación en tu memoria para luego poder comentarla.

A continuación se realiza una breve meditación centrada en la respiración (aproximadamente 5 min).

Pinchar el globo con atención plena

Ahora vuelve a situarte frente a tu compañero y obsérvalo sin juzgar ni pensar en nada. Lleva toda tu atención al momento presente con atención plena. Observa cómo te sientes en este momento; cuál es tu estado emocional; qué sensaciones físicas estás experimentando en esta situación. No dejes de llevar toda tu atención a lo que está

(Continúa)

	ocurriendo en el aquí y en el ahora; sobre todo, no olvides acompañar el ejercicio con la respiración consciente. *Trata de captar todas las sensaciones que el contacto del globo provoca en tus manos. Dirige la atención a la textura y el color del globo que sostienes. Realiza la acción de forma consciente y pausada atendiendo a todas las sensaciones que vas experimentando. Sé receptivo a la situación y atiende a las emociones que surgen sin tratar de rechazarlas ni aferrarte a ellas. Permanece así unos instantes* (un minuto aproximadamente).
DESCRIPCIÓN ⓘ	*Ya estás preparado para volver a pinchar el globo del compañero o para sostener el globo que va a pinchar tu compañero. No olvides apoyarte en la "respiración de aterrizaje en el aquí y ahora" mientras llevas a cabo el ejercicio.* (2° pinchazo.) *Después del segundo pinchazo mantente alerta a todas las sensaciones que te llegan y permanece en silencio frente al compañero por unos instantes más* (un minuto aproximadamente). Puesta en común: espacio para compartir la experiencia y lo que hemos aprendido en este ejercicio.

Los globos

Con este ejercicio tendremos una oportunidad única y muy directa de comprobar algunos de los efectos que el entrenamiento en conciencia plena puede suscitar en los que lo realizan. Además, la situación –normalmente generadora de emociones de naturaleza negativa– también ofrece la posibilidad de descubrir cómo la simple atención "en el aquí y en el ahora" sin valoración alguna, junto a una actitud de curiosidad y aceptación, pueden provocar un cambio en la propia experiencia.

PRÁCTICA Nº 30

PERCEPCIÓN Y EXPRESIÓN EMOCIONAL INTRAPERSONAL:
Escenas emocionales

30 min

OBJETIVO	Visualizar con atención plena varios fragmentos de películas con contenido emocional para profundizar en las emociones suscitadas por las imágenes.
MATERIALES	Fragmentos de películas con contenido emocional (búsqueda de fragmentos con diferentes temáticas: DVD/recursos audiovisuales en internet). Papel (o "diario emocional") y lápiz.
DESCRIPCIÓN	**Fragmentos de películas propuestas** • MEJOR... IMPOSIBLE (As good as it gets) Dirección: James L. Brooks / Estados Unidos (1997) **Enlace para el visionado del fragmento seleccionado:** http://www.youtube.com/watch?v=ARhN-wFUvkw&feature=related *Declaración de amor: «eres la mujer más fantástica de la tierra...».* • AMERICAN BEAUTY Dirección: Sam Mendes / Estados Unidos (1999) **Enlace para el visionado del fragmento seleccionado:** http://www.youtube.com/watch?v=DtQ-cc0yqxQ *Observa una bolsa en movimiento: «El día que descubrí que existe vida bajo las cosas...».* Tras una breve meditación centrada en la respiración (entre 5 y 10 min), los participantes visionarán los fragmentos de película seleccionados. *Observa el siguiente fragmento de vídeo llevando toda tu atención "en el aquí y en el ahora". Trata de estar abierto*

(Continúa)

y receptivo a las sensaciones, pensamientos y estado emocional suscitado por la película.

No trates de encontrar una explicación a lo que estás sintiendo, solo identifícalo, acéptalo y déjalo pasar, para seguir observando lo que acontece en cada momento. Recuerda que es importante que te abstengas de emitir un juicio de valor sobre la experiencia vivida.

Después de visualizar cada fragmento de vídeo escribe en un papel la experiencia. Recuerda: trata solo de describirla evitando de nuevo juzgarla o darle un significado.

Puesta en común: espacio para compartir la experiencia y lo que hemos aprendido en este ejercicio.

Escenas emocionales

Tener conciencia de cómo las emociones son generadas en nosotros a partir de estímulos externos es un primer paso para lograr un mayor conocimiento de nuestros condicionamientos internos.

En ocasiones sucede que situaciones que aparentemente debieran provocar un tipo de respuesta emocional, las experimentamos como emociones contradictorias o neutras. Estas emociones suelen encubrir emociones más profundas que durante mucho tiempo hemos mantenido alejadas de nuestro foco atencional. Como nos recuerda Greenberg, podemos tener acceso a emociones secundarias que surgen a consecuencia de otra emoción (suele ocurrir cuando las centrales se ocultan, no se perciben o no son aceptadas). Estas emociones pueden encubrir lo que realmente sentimos.

PRÁCTICA Nº 31

PERCEPCIÓN Y EXPRESIÓN EMOCIONAL INTRAPERSONAL:
Lectura de poemas

30 min

OBJETIVO

Escuchar dos poemas con alto contenido emocional desde un estado de atención plena.

MATERIALES

Poemas con contenido emocional (búsqueda de textos con diferentes temáticas poéticas).

Papel (o "diario emocional") y lápiz.

DOS POEMAS PROPUESTOS

POEMA 12 (Oliverio Girondo)

Se miran, se presienten, se desean,
se acarician, se besan, se desnudan,
se respiran, se acuestan, se olfatean,
se penetran, se chupan, se demudan,
se adormecen, se despiertan, se iluminan,
se codician, se palpan, se fascinan,
se mastican, se gustan, se babean,
se confunden, se acoplan, se disgregan,
se aletargan, fallecen, se reintegran,
se distienden, se enarcan, se menean,
se retuercen, se estiran, se caldean,
se estrangulan, se aprietan se estremecen,
se tantean, se juntan, desfallecen,
se repelen, se enervan, se apetecen,
se acometen, se enlazan, se entrechocan,
se agazapan, se apresan, se dislocan,
se perforan, se incrustan, se acribillan,
se remachan, se injertan, se atornillan,
se desmayan, reviven, resplandecen,
se contemplan, se inflaman, se enloquecen,
se derriten, se sueldan, se calcinan,
se desgarran, se muerden, se asesinan,
resucitan, se buscan, se refriegan,
se rehúyen, se evaden, y se entregan.

(Continúa)

MATERIALES

ME BASTA ASÍ (Ángel González)
Si yo fuese Dios
y tuviese el secreto,
haría un ser exacto a ti;
lo probaría
(a la manera de los panaderos
cuando prueban el pan, es decir:
con la boca),
y si ese sabor fuese
igual al tuyo, o sea
tu mismo olor, y tu manera
de sonreír,
y de guardar silencio,
y de estrechar mi mano estrictamente,
y de besarnos sin hacernos daño
–de esto sí estoy seguro: pongo
tanta atención cuando te beso–;
entonces,
si yo fuese Dios,
podría repetirte y repetirte,
siempre la misma y siempre diferente,
sin cansarme jamás del juego idéntico,
sin desdeñar tampoco la que fuiste
por la que ibas a ser dentro de nada;
ya no sé si me explico, pero quiero
aclarar que si yo fuese
Dios, haría
lo posible (...)
para quererte tal como te quiero,
para aguardar con calma
a que te crees tú misma cada día,
a que sorprendas todas las mañanas
la luz recién nacida con tu propia
luz, y corras
la cortina impalpable que separa
el sueño de la vida,
resucitándome con tu palabra,
Lázaro alegre,
yo,
mojado todavía
de sombras y pereza,
sorprendido y absorto
en la contemplación de todo aquello

(Continúa)

MATERIALES

que, en unión de mí mismo,
recuperas y salvas, mueves, dejas
abandonado cuando-luego-callas...
(Escucho tu silencio.
Oigo
constelaciones: existes.
Creo en ti.
Eres.
Me basta)

DESCRIPCIÓN

Tras una breve meditación centrada en la respiración (entre 5 y 10 min) se lee cada poema en voz alta.

Mientras se leen los dos poemas asegúrate de que te mantienes relajado pero alerta. Trata de estar en contacto con las sensaciones físicas, los pensamientos y el estado emocional que la lectura del poema despierta en ti. No trates de buscar una explicación a lo que vayas sintiendo, solo identifícalo.

Recuerda que es importante que trates de no emitir ningún juicio de valor sobre la experiencia que estás sintiendo o sobre el poema. No olvides apoyarte en la "respiración de aterrizaje en el aquí y ahora" mientras llevas a cabo esta práctica.

Después de escuchar cada poema registra en un papel –o en tu "Diario emocional"– tu experiencia. Recuerda que debes limitarte a describir la experiencia evitando juzgarla o darle algún significado.

Puesta en común: espacio para compartir la experiencia y lo que hemos aprendido en este ejercicio.

Lectura de poemas

Las "emociones primarias" son aquellas que responden directamente al estímulo. Son emociones genuinas que, muy frecuentemente, quedan solapadas por las "emociones secundarias", o lo que es igual, emociones que surgen como respuesta a la emoción primaria.

Así, una situación que nos genera miedo puede provocar en nosotros una reacción de enfado como respuesta a esa primera emoción de miedo (sobre todo si en nuestro entorno educativo y afectivo hubo un rechazo explícito o implícito frente al miedo).

Mantener una atención consciente a cómo las emociones se suceden las unas a las otras puede ayudarnos a descubrir nuevas conexiones entre ellas, así como permitir que emerja en nosotros el sentimiento genuino que alguna vez fue rechazado.

Percepción y expresión emocional interpersonal

PRÁCTICAS INEP:

32. Observa a tu compañero
33. Identifica mi emoción
34. Creación de un círculo humano

PRÁCTICA Nº 32

PERCEPCIÓN Y EXPRESIÓN EMOCIONAL INTERPERSONAL:
Observa a tu compañero

30 min

OBJETIVO	Observar a un compañero con atención plena para profundizar en las emociones suscitadas a través de la observación.
MATERIALES	Papel (o "diario emocional") y lápiz.
DESCRIPCIÓN	La práctica comienza con una breve meditación sentada centrada en la respiración (entre 5 y 10 min). Al terminar, las personas que integran el grupo se colocarán por parejas frente a un compañero. Es muy importante que los participantes guarden silencio durante el ejercicio, aunque no debe reprimirse ningún tipo de emoción que surja, así como la expresión no verbal de esta. **Observa al compañero con atención plena** (5 min) *Mientras observas a tu compañero mantente alerta ante las sensaciones, pensamientos y estado emocional que te suscita esta situación.* *Apóyate en la respiración para mantenerte en un estado de atención plena (como ya has aprendido).* *No trates de encontrar una explicación lógica a esta experiencia. Sea lo que sea lo que venga a tu mente, identifícalo, acéptalo y déjalo pasar. Si te das cuenta de que estás "enredado" en juicios de valor sobre lo que estás haciendo, apóyate de nuevo en la respiración y continúa observando a tu compañero.*

(Continúa)

	Auto-observación (3 min)
DESCRIPCIÓN ⓘ	*Cierra un momento los ojos y mantén un estado de alerta que te permita identificar tu estado en el momento presente. Evita juzgar lo que estás percibiendo.*
	Puesta en común: espacio para compartir la experiencia y lo que hemos aprendido en este ejercicio.

Observa a tu compañero

Para muchas personas puede resultar especialmente intenso y difícil permanecer frente a un extraño –incluso ante un conocido– en una actitud de curiosidad y apertura. Para muchos, este tipo de situaciones suele implicar una excesiva intimidad.

Si es tu caso, te recomendamos que, antes de cejar en el empeño y plantearte abandonar la tarea (o no realizarla), pruebes cerrar los ojos y centrarte en tu respiración; sobre todo si la experiencia está resultando muy activadora para ti.

En todo caso, no debemos olvidarnos de acompañar la tarea en todo momento con nuestra respiración consciente.

PRÁCTICA N° 33

PERCEPCIÓN Y EXPRESIÓN EMOCIONAL INTERPERSONAL:
Identifica mi emoción

30 min

OBJETIVO	Observar a un compañero con atención plena y tratar de percibir la emoción que está expresando.
MATERIALES	Papel (o "diario emocional") y lápiz.
DESCRIPCIÓN	La práctica comienza con una breve meditación sentada centrada en la respiración (entre 5 y 10 min). Al terminar, las personas que integran el grupo se colocarán por parejas frente a un compañero. Uno será el observador. Es muy importante que los participantes guarden silencio durante el ejercicio, aunque no debe reprimirse ningún tipo de emoción que surja, así como la expresión no verbal de esta. (Para la persona que experimenta una situación emocional propia) *Mantén los ojos cerrados y piensa en una situación que hayas vivido que sea altamente emotiva. Trata de implicarte emocionalmente en ella.* (Para la persona que solo observa) *Presta atención a tu pareja y trata de conectar con la emoción que está experimentando en este momento. Evita juzgar la situación, únicamente debes mantenerte abierto y receptivo a lo que está aconteciendo.* Transcurridos unos 5 minutos, la persona que estaba atendiendo a su situación emocional abrirá los ojos. (Para ambas personas) *Permaneced ahora uno frente al otro, en silencio. Tratad de expresar al otro la experiencia que acabáis de vivir sin utilizar palabras* (3 min). Después de este ejercicio recomendamos registrar en un papel o en el "diario emocional" la experiencia vivida. Las anotaciones deben limitarse a describir la experiencia, evitando juzgarla o darle algún significado.

(Continúa)

DESCRIPCIÓN ⓘ	Se puede volver a realizar el ejercicio cambiando los roles. Puesta en común: espacio para compartir la experiencia y lo que hemos aprendido en este ejercicio.

Identifica mi emoción

Para realizar este ejercicio recomendamos que trates de involucrarte completamente en la situación traída a la mente e intentes conectar con la emoción sentida.

Es importante permitir que nuestras emociones surjan libremente. Si somos *el observador,* es muy importante que no abandonemos la respiración y que dejemos pasar los pensamientos, dirigiendo toda nuestra atención a observar el estado emocional del compañero que tenemos en frente. Usando un símil, podríamos decir que ambas personas tratarán de sintonizar el "aparato emisor y el receptor" en la misma frecuencia para poder captar la señal de forma adecuada.

En este tipo de prácticas debemos evitar anticiparnos a la emoción expresada por nuestra pareja y, simplemente, mantenernos muy alerta a todas las sensaciones que su expresión genera en nosotros.

Aprovechar nuestras propias señales para comprender a nuestro compañero puede ser una forma bastante efectiva de escuchar a las personas que nos rodean (siempre y cuando la escucha a nuestras sensaciones internas no esté muy contaminada por nuestros juicios de valor y creencias respecto a nosotros mismos y el mundo que nos rodea).

PRÁCTICA Nº 34

PERCEPCIÓN Y EXPRESIÓN EMOCIONAL INTERPERSONAL:
Creación de un círculo humano

30 min

OBJETIVO	Observar y ser observado por los compañeros con atención plena, siendo conscientes de las sensaciones físicas, emociones y pensamientos experimentados.
MATERIALES	Papel (o "diario emocional") y lápiz.

La práctica comienza con una breve meditación sentada centrada en la respiración (entre 5 y 10 min).

Al terminar, las personas que integran el grupo forman un círculo de pie. Es recomendable que el grupo no esté formado por más de 10 o 12 personas.

Además, es muy importante que los participantes guarden silencio durante el ejercicio, aunque no debe reprimirse ningún tipo de emoción que surja, así como la expresión no verbal de esta.

Observa a todos los compañeros que están en el círculo. Haz una observación minuciosa de cada uno de ellos. Puedes empezar por tu izquierda o tu derecha e ir recorriendo con tu mirada a cada persona, fijándote también en cada una de las partes de su cuerpo.

Es posible que en algún momento cruces la mirada con algún compañero. Sobre todo, no olvides acompañar esta práctica con tu respiración consciente. Trata de no juzgar lo que estás sintiendo, solo permanece alerta a todo lo que acontece.

Transcurridos unos 5 minutos, o bien cuando la mayoría de los participantes ya han llevado a cabo la observación de cada compañero:

(Continúa)

Ahora agradece a cada una de las personas que componen este círculo humano que hayan hecho posible que vivas esta experiencia. Además del agradecimiento verbal permítete reforzar tu gratitud con un abrazo a cada persona. Continúa sin juzgar lo que está aconteciendo en la práctica.

DESCRIPCIÓN
ⓘ

Después de este ejercicio recomendamos registrar en un papel o en el "diario emocional" la experiencia vivida. Las anotaciones deben limitarse a describir la experiencia, evitando juzgarla o darle algún significado.

Puesta en común: espacio para compartir la experiencia y lo que hemos aprendido en este ejercicio.

Creación de un círculo humano

Este ejercicio evoca una situación que vivimos muchas veces en nuestra cotidianidad: observar a otras personas o ser observados por los demás.

En el caso de nuestra práctica, la observación se lleva a cabo en un contexto de seguridad que nos permite contemplar la experiencia de una forma nueva y enriquecedora para todos.

Muchas personas experimentan una cierta dosis de malestar cuando se exponen a las miradas de los otros. El hecho de exponerse a estas sensaciones es una buena forma de ayudar a regularlas naturalmente sin tener que escapar de ellas. Y esto es lo que pretende este ejercicio.

Comprensión emocional plena

Sobre la comprensión emocional plena

A continuación presentamos una serie de ejercicios, con cierta complejidad emocional, con el fin de desarrollar nuestra habilidad para comprender nuestros estados emocionales: su evolución y su significado, los pensamientos que generan dichas emociones, cómo nos afectan y qué consecuencias y reacciones nos provocan. Todos sabemos que solo si comprendo mis estados emocionales, podré comprender los estados emocionales de los demás.

Para ello proponemos un trabajo cuyo denominador común es la atención plena que nos permitirá acercarnos a la experiencia desde una nueva perspectiva y, por tanto, evitar quedarnos atrapados en la forma habitual que tenemos de asimilar la experiencia o, lo que es lo mismo, tratar de hacer encajar lo que vivimos en viejos patrones de aprendizaje (patrones que, en la mayoría de los casos, han sido aprendidos y son activados de manera inconsciente).

Llevar conciencia a situaciones emocionales nos reporta la claridad necesaria para empezar a tomar mejores decisiones en nuestra vida.

Comprensión emocional intrapersonal

PRÁCTICAS INEP:

35. Meditación a través del espejo
36. Meditación sobre fotografías personales
37. Meditación sobre mi camino

PRÁCTICA Nº 35

COMPRENSIÓN EMOCIONAL PLENA INTRAPERSONAL:
Meditación a través del espejo 30 min

OBJETIVO	Observar con atención plena la imagen de uno mismo reflejada en un espejo.
MATERIALES	Espejo "mediano" que refleje el rostro completo. (Variante: si se dispone de un espejo mayor, trabajar con todo tu cuerpo.) Papel (o "diario emocional") y lápiz.
DESCRIPCIÓN	La práctica comienza con una breve meditación sentada centrada en la respiración (entre 5 y 10 min). *Coloca el espejo delante de tu rostro (o el cuerpo). Observa la imagen que se refleja y acompaña esta tarea con tu respiración consciente. Trata de no juzgar lo que ves o buscarle un sentido. Limítate a describir la realidad tal y como es percibida.* *Simplemente pon toda tu atención en observar la imagen y describe el rostro que tienes frente a ti, sin hacer valoraciones o juicios personales (si te gusta o no lo que ves, si es bonita o no tu nariz o tus ojos). Reconoce los detalles de la imagen pero sin valorarlos.* *Evita quedar apegado a juicios de valor del tipo: "Lo que me gusta de mí es...", "Es horrible tener estas arrugas en ...", "Mi cara se ve ...".* Después de este ejercicio recomendamos registrar en un papel o en el "diario emocional" la experiencia vivida. Las anotaciones deben limitarse a describir la experiencia, evitando juzgarla o darle algún significado. Sencillamente, tratamos de reflejar fielmente las sensaciones, emociones o pensamientos experimentados.

Meditación a través del espejo

Trabajar con la imagen que proyectamos suele ser todo un desafío para la persona que lo hace, pues son muchos los juicios de valor asociados a nuestra propia imagen. Muchos de estos juicios se activan automáticamente, ya que están muy vinculados a nuestra forma de ver la realidad; tanto que llegan a transformarla totalmente. No es de extrañar que haya ocasiones en las que descubramos que hay determinadas partes de nuestro cuerpo que directamente las excluimos de nuestro foco atencional.

Cuando nos miramos en el espejo relacionamos mentalmente lo que percibimos a través del *sentido de la vista* (fisonomía, rasgos, gestos, etcétera) con lo que procede de nuestra *imaginación* (al relacionarlo con ideas previas sobre nuestro aspecto físico, nuestras experiencias personales, recuerdos, comparaciones que nos han hecho, etcétera), y así interpretamos cómo nos vemos y cómo nos sentimos cuando nos miramos en el espejo.

Como recurso de apoyo recomendamos ver el vídeo *Un maltrato sutil. La verdadera belleza es una actitud* (http://www.youtube.com/watch?v=0y9zJ5J2bWA).

PRÁCTICA Nº 36

COMPRENSIÓN EMOCIONAL PLENA INTRAPERSONAL:
Meditación sobre fotografías personales

30 min

OBJETIVO	Observar con atención plena tres fotografías personales.
MATERIALES	Tres fotografías personales (infancia, adolescencia y vida adulta). Papel (o "diario emocional") y lápiz.
DESCRIPCIÓN	La práctica comienza con una breve meditación sentada centrada en la respiración (entre 5 y 10 min). Observaremos nuestra imagen reflejada en cada una de las tres fotografías seleccionadas previamente, acompañando la tarea con la respiración consciente, en un estado meditativo (apertura a la experiencia evitando juzgarla o darle algún sentido). Secuencia de la práctica: de la imagen más antigua a la más cercana en el tiempo. *Coge la fotografía. Observa su contenido formal (persona(s) que aparecen, lugar, época, actividad, etcétera). Céntrate en describirte –sin juzgarte– tal y como te ves en esa fotografía.* *Describe lo que está ocurriendo ahora en ti: ¿Qué estás pensando? ¿Qué sensaciones físicas estás sintiendo? ¿Cómo te estás sintiendo? ¿Qué estás haciendo? Trata de dejar pasar los juicios de valor sobre la fotografía o sobre ti mismo que estás observando.* Repetir esta instrucción con las tres fotografías seleccionadas. Después de este ejercicio recomendamos registrar en un papel o en el "diario emocional" la experiencia vivida. Las

(Continúa)

DESCRIPCIÓN ⓘ	anotaciones deben limitarse a describir la experiencia, evitando juzgarla o darle algún significado. Sencillamente, tratamos de reflejar fielmente las sensaciones, emociones o pensamientos experimentados.

Meditación sobre fotografías personales

Volver los ojos al pasado pero con una mirada nueva. Este es el desafío al que nos enfrentamos con dinámicas de este tipo. Entonces, se trata de mirar pero desde otro lugar, evitando así juzgar siempre las situaciones desde una misma óptica (lo que implica que se ha modificado el filtro a través del cual solemos contemplarnos a nosotros mismos y a la realidad).

Como consecuencia, comenzamos a aproximarnos a las situaciones vividas con mayor frescura y con una mayor capacidad de captar mejor y más información de lo que nos sucede. Al desarrollar nuestra comprensión emocional plena podemos descubrir incluso la forma en la que habitualmente nos aproximamos a nuestras emociones; llegando a hacerse visibles aquellos aspectos donde solemos centrar toda nuestra atención en detrimento de otras claves que no han sido justamente atendidas por nosotros.

PRÁCTICA Nº 37

COMPRENSIÓN EMOCIONAL PLENA INTRAPERSONAL: **Meditación sobre mi camino**		30 min

OBJETIVO	Observar con atención plena nuestra respuesta ante un interrogante vital: *¿Cuál es mi camino?*
MATERIALES	Papel (o "diario emocional") y lápiz.
DESCRIPCIÓN	La práctica comienza con una breve meditación sentada centrada en la respiración (entre 5 y 10 min). (Si se trabaja en grupo) Tras la meditación inicial el facilitador realizará una pregunta y dejará un tiempo de silencio y recogimiento para que los participantes observen las respuestas internas que surgen ante esta. *Concéntrate en la siguiente pregunta, pero trata de mantenerte en un estado de apertura y aceptación respecto a las respuestas que lleguen a tu conciencia. Acepta la posibilidad de un "no sé". Permite que sea la experiencia la que te aporte el conocimiento y no tus prejuicios sobre el tema.* *La pregunta es: ¿Cuál es mi camino?* Después de este ejercicio recomendamos registrar en un papel o en el "diario emocional" la experiencia vivida. Las anotaciones deben limitarse a describir la experiencia, evitando juzgarla o darle algún significado. Sencillamente, tratamos de reflejar fielmente las sensaciones, emociones o pensamientos experimentados.

Meditación sobre mi camino

Esta práctica tiene como objetivo conectar con nuestro proyecto vital y objetivos personales que queremos alcanzar.

Se trata de permitirnos el espacio suficiente para que surjan en nosotros las respuestas que anhelamos. Solo así nos aproximamos a viejos interrogantes desde una perspectiva nueva, caracterizada por la apertura, la curiosidad y la ausencia de juicio.

Como estamos aprendiendo en este bloque práctico, contemplar así nuestra vida constituye una experiencia altamente reveladora y enriquecedora que nos permite ganar una mayor comprensión de nosotros mismos (y, en consecuencia, de los demás). Una vez más. el reto consiste en enfrentarse a la misma realidad desde otra perspectiva; ganar libertad sobre todo aquello que creemos saber de nosotros mismos, dándonos la oportunidad de que nuestra propia experiencia nos sorprenda.

Comprensión emocional interpersonal

PRÁCTICAS INEP:
38. Visualización de una situación agradable
39. Descubre a tu compañero
40. ¿Quién eres?

PRÁCTICA Nº 38

COMPRENSIÓN EMOCIONAL PLENA
INTERPERSONAL:
Visualización de una situación agradable 30 min

OBJETIVO	Comunicar nuestras respuestas ante una situación agradable y escuchar la manera en que responde el compañero con atención plena.
MATERIALES	Papel (o "diario emocional") y lápiz.
DESCRIPCIÓN	La práctica comienza con una breve meditación sentada centrada en la respiración (entre 5 y 10 min). *Trae a tu mente una situación que hayas experimentado y te resulte especialmente grata. Conecta con las sensaciones, sentimientos y pensamientos que se generan en ti ante esa situación concreta, pero no trates de analizarlos ni darles algún sentido.* Una vez concluida la visualización, los participantes se colocarán en parejas (uno frente a otro) en silencio. Uno asumirá el rol de "emisor" y el otro de "receptor" para comunicarse su experiencia del siguiente modo. *Observa a tu compañero en silencio durante unos instantes* (1 min) (Para el emisor) *Comunica a tu compañero las sensaciones que has experimentado mientras visualizabas tu situación, pero sin detallar en qué consistía dicha situación. Trata de describir tus sensaciones sin juzgar si son o no adecuadas, agradables o desagradables.* (Para el receptor) *Escucha atentamente lo que comunica tu compañero tanto a nivel verbal como no verbal.*

(Continúa)

	Al escucharlo, trata de reprimir cualquier tipo de respuesta corporal o verbal a lo que está diciendo. Solo trata de mantenerte receptivo y evita llevar a cabo un juicio de valor sobre esta situación.
DESCRIPCIÓN ⓘ	Posteriormente, los roles se intercambian, dejando entre medias un breve espacio de observación mutua de los participantes en silencio. Podrán surgir algunas risas o emociones contenidas, pero en ningún caso las parejas deben intercambiar opiniones. Después de este ejercicio recomendamos registrar en un papel o en el "diario emocional" la experiencia vivida. Las anotaciones deben limitarse a describir la experiencia, evitando juzgarla o darle algún significado. Sencillamente, tratamos de reflejar fielmente las sensaciones, emociones o pensamientos experimentados. Puesta en común: espacio para compartir la experiencia y lo que hemos aprendido en este ejercicio.

Visualización de una situación agradable

Este ejercicio es muy recomendable para facilitar nuestra capacidad de comunicar y escuchar información sobre estados emocionales internos, así como para descubrir determinadas reacciones o hábitos en la comunicación que normalmente pasan desapercibidos. Al mismo tiempo, nos puede ayudar a aproximarnos a nuestra experiencia interna y a la de nuestro compañero, y lo que es más relevante si cabe, poner en palabras dicha experiencia.

PRÁCTICA Nº 39

COMPRENSIÓN EMOCIONAL PLENA INTERPERSONAL:
Descubre a tu compañero 30 min

OBJETIVO	Observar a un compañero con atención plena.
MATERIALES	Papel (o "diario emocional") y lápiz.
DESCRIPCIÓN	La práctica comienza con una breve meditación sentada centrada en la respiración (unos 5 min). Al terminar, las personas que integran el grupo se colocarán por parejas frente a un compañero. Es muy importante que los participantes guarden silencio durante el ejercicio, aunque no debe reprimirse ningún tipo de emoción que surja, así como la expresión no verbal de esta. **Observa al compañero con atención plena** (5 min) *Como en la práctica "Observa a tu compañero", vas a observarlo manteniéndote alerta ante las sensaciones, pensamientos y estado emocional que te suscita esta situación.* *Apóyate en la respiración para mantenerte en un estado de atención plena (como ya has aprendido).* *No trates de encontrar una explicación lógica a esta experiencia. Sea lo que sea lo que venga a tu mente, identifícalo, acéptalo y déjalo pasar. Si te das cuenta de que estás "enredado" en juicios de valor sobre lo que estás haciendo, apóyate de nuevo en la respiración y continúa observando a tu compañero.* **Imagina cómo se siente tu compañero** (10 min) *Ahora abre los ojos y vuelve a observar a tu compañero. Trata de imaginar cómo se siente en este momento en función de las claves contextuales que puedes registrar*

(Continúa)

(por ejemplo, sonríe, parpadea, mira fijamente, se sonroja, tiembla, etcétera).

A continuación, trata de imaginar lo que el compañero está experimentando y verbalízalo en voz alta. Por ejemplo, "Imagino que te encuentras incómodo en esta situación", "Imagino que sientes vergüenza", "Imagino que estás disfrutando con este ejercicio".

Comprende cómo se siente tu compañero (10 min)

Por último, trata de conectar lo que observas directamente en tu compañero con aquello que imaginas que está sintiendo. Por ejemplo, "Como no para de moverse, imagino que se siente incómodo en esta situación" o "Cómo se ha sonrojado cuando nos mirábamos, imagino que siente vergüenza".

Cierra un momento los ojos y mantén un estado de alerta que te permita identificar tu estado en el momento presente. Evita juzgar lo que estás percibiendo.

DESCRIPCIÓN

ⓘ

Tras 3 minutos de auto-observación meditativa en silencio intercambiamos los roles, y ahora pasa a verbalizar sus percepciones el otro miembro de la pareja.

Después de este ejercicio, recomendamos registrar en un papel o en el "diario emocional" la experiencia vivida. Las anotaciones deben limitarse a describir la experiencia, evitando juzgarla o darle algún significado.

Breve reflexión final:

¿Qué has aprendido con este ejercicio?

¿Has sido capaz de percibir alguna diferencia entre la manera en la que observabas a tu compañero en un primer momento (en un estado de conciencia plena) y, después, cuando se te pidió expresamente imaginar cómo se podía sentir según lo que estaba expresando?

Puesta en común: espacio para compartir la experiencia y lo que hemos aprendido en este ejercicio.

Descubre a tu compañero

Este ejercicio resulta altamente recomendable para facilitar y entender la diferencia entre la manera en que interpretamos la información según las claves contextuales percibidas y nuestras expectativas respecto a lo que realmente acontece en dicha situación.

En muchas ocasiones, lo que identificamos en una situación dada depende más de nuestros prejuicios sobre dicha situación que de la verdadera interacción que se está produciendo.

Solemos aproximarnos a la realidad con un tipo de procesamiento "arriba-abajo" o, lo que es lo mismo, tratando que la información circundante encaje en nuestros esquemas previos, lo que en numerosas ocasiones nos impide estar atentos a los cambios que puedan estar sucediendo a nuestro alrededor.

PRÁCTICA N° 40

COMPRENSIÓN EMOCIONAL PLENA INTERPERSONAL:
¿Quién eres?

30 min

OBJETIVO	Observar con atención plena nuestra respuesta ante un interrogante vital: *¿Quién eres?*
MATERIALES	Papel (o "diario emocional") y lápiz.
DESCRIPCIÓN	La práctica comienza con una breve meditación sentada centrada en la respiración (unos 10 min). Al terminar, las personas que integran el grupo se colocarán por parejas frente a un compañero. Es muy importante que los participantes guarden silencio durante el ejercicio, aunque no debe reprimirse ningún tipo de emoción que surja, así como la expresión no verbal de esta. *Concéntrate en la pregunta que te va a hacer tu compañero, pero trata de mantenerte en un estado de apertura y aceptación respecto a las respuestas que lleguen a tu conciencia. Recuerda que tu respuesta debe comenzar por «Soy ...».* *Acepta la posibilidad de un "no sé" o del silencio si no surge en ti una respuesta. Permite que sea la experiencia la que te aporte el conocimiento y no tus prejuicios sobre el tema.* Por turnos, y durante unos 10 min, uno hará la misma pregunta al otro compañero, dejando pequeños espacios de silencio entre pregunta y pregunta, tras la que el otro compañero responderá «*Soy...*». Si en algún momento alguien no responde, se espera unos instantes pacientemente antes de volver a hacer de nuevo la pregunta (unos 20 segundos de espera).

(Continúa)

	Ahora, uno hará la pregunta ¿Quién eres? y el otro responderá «Soy ...» sin preparar las respuestas.
DESCRIPCIÓN ⓘ	Después de este ejercicio recomendamos registrar en un papel o en el "diario emocional" la experiencia vivida. Las anotaciones deben limitarse a describir la experiencia, evitando juzgarla o darle algún significado. Sencillamente, tratamos de reflejar fielmente las sensaciones, emociones o pensamientos experimentados. Puesta en común: espacio para compartir la experiencia y lo que hemos aprendido en este ejercicio.

¿Quién eres?

Este ejercicio nos ayudará a ganar una mayor comprensión sobre nosotros mismos y nuestra autoimagen al interactuar con otras personas. De nuevo, la atención plena permite ver las mismas situaciones vividas desde una nueva perspectiva, así como estar abiertos a nuevas fuentes de información que, hasta la fecha, posiblemente habían pasado desapercibidas.

Facilitación emocional plena

Sobre la facilitación emocional plena

En este apartado práctico se incluyen una serie de ejercicios que generan experiencias que nos pueden ayudar a darnos cuenta de cómo lo que siento afecta a lo que pienso. Es decir, mi estado emocional puede determinar cómo enfoco una situación o problema.

Ya sabemos que las emociones que experimentamos habitualmente tienen un claro efecto en la manera en que nos percibimos a nosotros mismos y percibimos el mundo. Además, también condicionan las decisiones que tomamos, así como nuestra capacidad creativa o artística.

Como hemos visto en la introducción teórica del modelo de habilidades de la inteligencia emocional, nuestros estados emocionales nos hacen pensar en una dirección determinada y nos llevan a experimentar determinados patrones de pensamiento que, a su vez, vienen a retroalimentar dichos estados emocionales. Tomar conciencia de la forma en que nuestros estados emocionales repercuten en nuestros comportamientos resulta clave para lograr finalmente una mejor gestión de las emociones; sobre todo si se realiza desde el enfoque de la atención plena. De aquí la importancia de la facilitación emocional plena.

Facilitación emocional intrapersonal

PRÁCTICAS INEP:
41. El balance emoción/corporalidad
42. Inducción emocional sobre un dibujo
43. Composición de poemas

PRÁCTICA Nº 41

FACILITACIÓN EMOCIONAL PLENA INTRAPERSONAL: **El balance emoción/corporalidad**		15 min
OBJETIVO	Observar con atención plena el efecto del estado emocional sobre la disposición corporal.	
MATERIALES	Dibujo de una cara sonriente y una cara triste en dos folios en blanco. Papel, lápiz y "diario emocional" (si se está trabajando en él). Se necesita el apoyo de una persona (aunque la práctica sigue siendo intrapersonal).	
DESCRIPCIÓN	La práctica comienza con una breve meditación sentada centrada en la respiración (unos 5 min). El participante que realiza la práctica se colocará de pie, con los ojos cerrados, con la espalda recta y su brazo dominante extendido lateralmente, formando un ángulo recto con el costado y la pierna de ese mismo lado y quedando horizontal respecto al suelo. Antes de comenzar: *Cuando estés haciendo este ejercicio observa las sensaciones que percibes desde tu brazo. Siente la dificultad o facilidad con la que estás resistiendo la presión de tu compañero. Trata de no juzgar lo que experimentas ni intentes encontrarle un sentido. Limítate a describir la realidad tal y como es percibida.* *Ahora abre los ojos, observa el dibujo que está delante de ti y trata de mantener el brazo tal y como está en este momento. Al terminar, vuelve a cerrar los ojos y toma conciencia de las sensaciones, pensamientos y sentimientos que están surgiendo en ti.* Cuando abrimos los ojos, la persona de apoyo nos coloca delante de nosotros (a unos 30 cms de los ojos) el dibujo	

(Continúa)

	con "la cara feliz". Lo miraremos fijamente durante 3 segundos. En ese mismo momento, la persona de apoyo ejerce una presión intensa (no excesiva) sobre el brazo que hemos extendió en el aire, con la intención de bajárnoslo en dirección al cuerpo. Trataremos de mantener el brazo lo más horizontal posible, suspendido en el aire.
DESCRIPCIÓN ⓘ	A continuación se repite el mismo ejercicio con el dibujo de la otra cara: "la cara triste". Después de este ejercicio recomendamos registrar en un papel o en el "diario emocional" la experiencia vivida. Las anotaciones deben limitarse a describir la experiencia, evitando juzgarla o darle algún significado. Sencillamente, tratamos de reflejar fielmente las sensaciones, emociones o pensamientos experimentados.

El balance emoción/corporalidad

Nuestras emociones tienen un efecto directo sobre nuestro estado físico. Un ejercicio tan sencillo como este puede ilustrar esta afirmación fácilmente.

Una emoción positiva repercute directamente en un mayor vigor corporal; quizás por ello, en la primera parte de este ejercicio, se suele sentir el brazo que está suspendido en el aire más fuerte, más firme, más robusto mientras la persona de apoyo trata de hacerlo descender. Sin embargo, una emoción negativa puede debilitar nuestro cuerpo; por eso solemos experimentar que nuestro brazo se rinde más fácilmente ante la presión.

Con esta práctica, también invitamos al lector a indagar y reflexionar sobre la importancia de las *neuronas espejo* (uno de los descubrimientos más importantes de las neurociencias en los últimos tiempos y que tiene que ver con el "contagio emocional") y su estrecha relación con el comportamiento humano.

PRÁCTICA Nº 42

FACILITACIÓN PLENA INTRAPERSONAL:
Inducción emocional sobre un dibujo

30 min

OBJETIVO	Observar con atención plena cómo nuestras emociones repercuten en nuestras creaciones artísticas.
MATERIALES	Papel, lápices de colores y "diario emocional" (si se está trabajando en él). Fragmentos musicales (selección de un mínimo de cinco fragmentos que susciten diferentes estados emocionales).
DESCRIPCIÓN	La práctica comienza con una breve meditación sentada centrada en la respiración (unos 10 min). Vamos a escuchar cada uno de los fragmentos seleccionados. Al terminar cada pieza, la persona dibujará en un papel lo que le apetezca, dejándose llevar por las sensaciones experimentadas. *Ahora vas a escuchar un fragmento musical durante un minuto. Escucha esta música en silencio, con los ojos cerrados y en un estado de atención plena.* *Cuando finalice la pieza dibuja en el papel cualquier cosa que se te ocurra. No juzgues lo que estás dibujando ni trates de encontrarle un sentido. Limítate a expresar la emoción tal y como la estás sintiendo.* Después de este ejercicio recomendamos registrar en un papel o en el "diario emocional" la experiencia vivida. Las anotaciones deben limitarse a describir la experiencia, evitando juzgarla o darle algún significado. Sencillamente, tratamos de reflejar fielmente las sensaciones, emociones o pensamientos experimentados.

Inducción emocional sobre un dibujo

Nuestras emociones tienen un efecto directo sobre nuestra expresión creativa.

La música tiene un gran efecto sobre nuestro estado de ánimo y nuestra forma de ver las cosas. La evidencia de esta afirmación la encontramos en los dibujos que se hacen en este ejercicio, es decir, la expresión física de lo que el sujeto siente.

La realización de dibujos constituye una de las muchas formas del lenguaje simbólico, que moviliza niveles relativamente primitivos de la personalidad. Las personas tienden a expresar en sus dibujos una visión de sí mismos, tal como son o tal como les gustaría ser (aunque muchas veces sea de forma inconsciente o involuntaria).

Para esta práctica es recomendable seleccionar fragmentos de música de estilos diferentes y, preferiblemente, instrumentales (sin letra). No se trata de elegir una pieza musical buscando generar una emoción en concreto (por ejemplo, alegría, tristeza, miedo, etcétera). Al contrario, consideramos que es más enriquecedor plantear cada pieza musical como una oportunidad abierta a la experiencia emocional de cada persona, sin condicionarla de antemano. Suene lo que suene, que sea la propia persona la que lo relacione con una o varias emociones.

PRÁCTICA Nº 43

FACILITACIÓN EMOCIONAL PLENA
INTRAPERSONAL:
Composición de poemas

45 min

OBJETIVO	Observar con atención plena cómo nuestras emociones repercuten en nuestras creaciones artísticas.
MATERIALES	Papel (o "diario emocional") y lápiz. Listado de palabras propuestas: *mar, miedo, amor, esperanza, serenidad, olvido, vanidad, oso, papel, montaña, droga, obsesión, tiempo, calor, frío, lejano, sexo, intimidad, confianza, dinero, desesperación, duda, inquietud, amistad, tesoro, sorpresa, flor, color, respiración, Dios.*
DESCRIPCIÓN	Si trabajamos con un grupo, podemos pedirles que cada uno aporte una palabra para crear un listado propio. En caso de trabajar a nivel individual usaremos las palabras que han sido facilitadas. La práctica comienza con una breve meditación sentada centrada en la respiración (unos 10 min). Una vez concluida la meditación inicial: *Ahora vas a componer tres poemas utilizando las palabras seleccionadas. Para cada poema puedes utilizar un mínimo de cinco palabras y hasta un máximo de diez. Recuerda que no puedes repetir ninguna, así que a medida que las utilices, elimínalas de la lista* (20 min) *Trata de no juzgar esta experiencia y permite que la creación de cada poema sea libre. No es necesario que la composición se ajuste a ningún criterio de métrica o ritmo prestablecido. Solo deja que las palabras fluyan libremente en el papel.* *Si quieres, puedes hacer que esta sea la primera vez que vas a escribir un poema (aunque lo hayas hecho antes, vívelo como si fuera la primera vez que lo haces). Para ello debes tratar de mantenerte atento y centrado en la tarea.*

(Continúa)

	Deja pasar cualquier expectativa sobre el resultado final de tu trabajo y céntrate en disfrutar de esta actividad. Acepta el reto tal y como es.
DESCRIPCIÓN ⓘ	Después de este ejercicio recomendamos registrar en un papel o en el "diario emocional" la experiencia vivida. Las anotaciones deben limitarse a describir la experiencia, evitando juzgarla o darle algún significado. Sencillamente, tratamos de reflejar fielmente las sensaciones, emociones o pensamientos experimentados.

Composición de poemas

Con este ejercicio continuamos aprendiendo sobre lo importante que es darnos cuenta de cómo nos sentimos en este momento, porque así como estamos, así percibimos una situación o realizamos una tarea.

La poesía es un género literario que busca expresar las relaciones entre las emociones y el lenguaje a través de textos que se componen como poemas. Este ejercicio es un potente facilitador emocional que también nos ayuda a interconectar aspectos emocionales con otros de naturaleza verbal.

De este modo, dentro de nuestro recorrido por la inteligencia emocional plena vamos creando puentes entre pensamientos y estados emocionales. Y, por tanto, ayudando a integrar diferentes maneras de procesar la información que nos permiten tener una visión más integrada de nosotros mismos y el mundo que nos rodea.

Facilitación emocional interpersonal

PRÁCTICAS INEP:

44. Bailar al son de la música
45. Asocia palabras y emoción
46. Actúa según tu emoción

PRÁCTICA Nº 44

FACILITACIÓN PLENA INTERPERSONAL:
Bailar al son de la música

30 min

OBJETIVO	Permitir que el cuerpo se exprese siguiendo un fragmento musical con atención plena.
MATERIALES	Papel (o "diario emocional") y lápiz. Fragmentos musicales (selección de un mínimo de tres fragmentos que susciten diferentes estados emocionales).
DESCRIPCIÓN	La práctica comienza con una breve meditación sentada centrada en la respiración (entre 5 y 10 min). Tras la meditación inicial, los participantes se situarán de pie libremente por toda la sala, asegurándose una distancia mínima entre ellos. El ejercicio puede realizarse con los ojos abiertos o cerrados, como se desee. En todo caso, se debe tener mucho cuidado con los movimientos efectuados. Los participantes escucharán un mínimo de tres temas musicales de estilos y ritmos variados, que despiertan emociones de distinta naturaleza. Las instrucciones se repiten con cada fragmento musical. *Ahora vamos a experimentar la música a través del baile. Cuando suene la música todos nos movemos al son de la música. Cuando la música deje de sonar, nos quedamos quietos y cerramos los ojos para poder percibir con detalle cómo nos sentimos en ese momento.* *Al bailar permite que tu cuerpo se exprese libremente. Sencillamente, dejándote envolver por la música. Recuerda que no se trata de bailar o de sentirse de una manera concreta. Por eso, intenta no pensar en nada y permítete bailar "como si nadie te estuviese mirando".* *Permite que tu respiración acompañe al ejercicio y presta atención a las sensaciones, pensamientos y emociones que experimentas.*

(Continúa)

DESCRIPCIÓN ⓘ	Después de este ejercicio recomendamos registrar en un papel o en el "diario emocional" la experiencia vivida. Las anotaciones deben limitarse a describir la experiencia, evitando juzgarla o darle algún significado. Sencillamente, tratamos de reflejar fielmente las sensaciones, emociones o pensamientos experimentados. Puesta en común: espacio para compartir la experiencia y lo que hemos aprendido en este ejercicio.

Bailar al son de la música

Cuando las personas realizan este ejercicio, a menudo descubren algún tipo de dificultad para expresarse libremente ante otras personas.

Este ejercicio invita a llevar la atención a nuestro cuerpo, a nuestras emociones y a la posible relación entre ambas. La música es, sin duda, una herramienta muy poderosa para despertar emociones y facilitar su expresión a través del movimiento. Generar diferentes tipos de emociones y asociarlas al movimiento puede ayudarnos a entender cómo nos relacionamos con nuestros estados emocionales y cuáles nos pueden resultar más difíciles de expresar y regular.

PRÁCTICA Nº 45

FACILITACIÓN PLENA INTERPERSONAL:
Asocia palabras y emoción — 30 min

OBJETIVO	Comunicar información emocional desde un estado de atención plena.
MATERIALES	Papel (o "diario emocional") y lápiz. Fragmentos musicales (selección de un mínimo de tres fragmentos que susciten diferentes estados emocionales).
DESCRIPCIÓN	La práctica comienza con una breve meditación sentada centrada en la respiración (entre 5 y 10 min). Tras la meditación inicial, los participantes se situarán de pie libremente por toda la sala, asegurándose una distancia mínima entre ellos. Los participantes escucharán breves fragmentos musicales (un mínimo de cinco) que despiertan emociones de distinta naturaleza. Mientras suena la música (durante 1 min), todos caminarán por la sala observándose unos a otros. Cuando la música se detiene, se forman parejas y cada uno intercambia con su compañero palabras que surgen libremente en ese momento (durante 1 min). *Situado frente a tu compañero permítete ir expresando las palabras que surjan en ti libremente, sin ningún tipo de censura y sin orden establecido de turnos. Verbaliza esas palabras que te vienen a la cabeza, sin pensar si tiene o no sentido lo que estás diciendo.* *Recuerda apoyarte en la respiración consciente si te enredas mentalmente con juicios mentales sobre lo que estás experimentando.* Cuando la música vuelve a sonar, todos repiten el mismo ejercicio y forman una nueva pareja cada vez que se detiene la música.

(Continúa)

DESCRIPCIÓN ⓘ	Después de este ejercicio recomendamos registrar en un papel o en el "diario emocional" la experiencia vivida. Las anotaciones deben limitarse a describir la experiencia, evitando juzgarla o darle algún significado. Sencillamente, tratamos de reflejar fielmente las sensaciones, emociones o pensamientos experimentados. Puesta en común: espacio para compartir la experiencia y lo que hemos aprendido en este ejercicio.

Asocia palabra y emoción

Igual que en ejercicios anteriores podemos ver cómo los estados emocionales determinan las palabras que surgen de forma libre y sin ningún tipo de intención predefinida de antemano. Generalmente, los temas de las palabras escogidas "espontáneamente" por los participantes suelen responder a sus principales inquietudes e intereses; profundizar en ellos a través de las palabras es una forma de sumergirnos en sus dinámicas emocionales.

En lugar de escapar de las emociones sentidas invitamos a los participantes a profundizar en ellas a través de la expresión libre de palabras. Es bueno recordar en este punto cómo tratamos de evadir habitualmente aquellas emociones que nos resultan desagradables y, por el contrario, tratamos de aferrarnos a aquellas otras que nos resultan placenteras. Esta manera de relacionarnos con nuestras emociones a menudo deriva en un mayor nivel de malestar, pues nada es más improductivo que tratar de rechazar nuestros estados internos; paradójicamente, con esta acción en muchas ocasiones generamos el efecto contrario.

PRÁCTICA Nº 46

FACILITACIÓN PLENA INTERPERSONAL:
Actúa según tu emoción

30 min

OBJETIVO

Actuar con atención plena según nuestro estado emocional.

MATERIALES

Papel (o "diario emocional") y lápiz.

DESCRIPCIÓN

La práctica comienza con una breve meditación sentada centrada en la respiración (10 min).

Tras la meditación inicial, los participantes se situarán de pie libremente por toda la sala, asegurándose una distancia mínima entre ellos.

Manteniendo un estado de atención plena trata de entrar en contacto con la emoción que estás sintiendo en este momento, en silencio y con los ojos cerrados (3 min).

Ahora vas a realizar una de las siguientes actividades que te proponemos. Elige aquella que se acerque más a tu estado emocional. Puedes elegir entre:

- contar un chiste
- hacer un breve monólogo sobre un tema libre
- cantar una canción
- hacer una declaración de amor
- hacer mimo

Trata de identificar las sensaciones, pensamientos y emociones que surgen en ti mientras realizas la actividad.

A continuación, tus compañeros tendrán la oportunidad de comunicarte lo que han percibido.

Después de este ejercicio recomendamos registrar en un papel o en el "diario emocional" la experiencia vivida. Las anotaciones deben limitarse a describir la experiencia, evitando juzgarla o darle algún significado. Sencillamente, tratamos de reflejar fielmente las sensaciones, emociones o pensamientos experimentados.

Puesta en común: espacio para compartir la experiencia y lo que hemos aprendido en este ejercicio.

Actúa según tu emoción

Ya no hay duda de que las emociones inciden sobre el cuerpo, los pensamientos, nuestra comunicación y, por supuesto, sobre nuestro comportamiento.

La emoción es algo así como el color a través del cual filtramos la información que llega a nuestros sentidos; por ello, aprender a acogerla amorosamente es un primer paso para comprender su forma de actuación. No nos cabe ninguna duda de que la atención plena es la mejor herramienta para emprender este largo recorrido.

Regulación emocional plena

Sobre la regulación emocional plena

Aprender a regular nuestras emociones, y hacerlo de forma saludable, viene a dar sentido a todas las prácticas anteriores. Afirmar que somos capaces de modular y gestionar nuestras emociones de forma adecuada implica que prestamos atención a las emociones, las comprendemos y entendemos el efecto de estas sobre nuestro comportamiento.

No obstante, para una correcta regulación emocional a veces, y por paradójico que pueda resultar, debemos "acoger" también las emociones que normalmente nos resultan muy molestas. Se trata de acogerlas pero de un modo diferente: sin juzgarlas, sin quedar atrapados en ellas, sino más bien con una actitud de curiosidad y aceptación. Así, la atención plena vendría a ser "el camino de en medio" entre la evitación de los estados emocionales que normalmente son etiquetados como negativos y la intrusión o quedar atrapado en dichos estados de forma improductiva.

La experiencia del Tonglen

Es aquí donde la práctica budista denominada *Tonglen* puede resultar especialmente interesante. En esencia, la práctica consiste en inspirar cualquier cosa que sea dolorosa o indeseable. *Tonglen* consiste en no resistirse a experimentarla. Nos rendimos, reconocemos quiénes somos, nos respetamos. Cuando surgen las sensaciones y emociones no deseadas, las inspiramos de verdad y sentimos lo que sienten todos los seres humanos. Todos sabemos en qué consiste sentir el dolor en sus muchas formas.

De igual forma, si sentimos cierto placer, si contactamos con lo que para nosotros es inspirador, nos relaja, nos alivia, lo espiramos, lo ofrecemos, se lo enviamos a todos los demás. Así, la práctica viene a representar justo lo contrario a lo que normalmente hacemos. Por lo general, nuestros hábitos nos llevan a apartarnos del dolor y aferrarnos al placer. De esta manera invertimos la lógica del ego y, por tanto, la lógica del sufrimiento.

Regulación emocional plena intrapersonal

PRÁCTICAS INEP:

47. Afirmaciones de gratitud con atención plena
48. Regula tus emociones con un *mandala*
49. Carta de agradecimiento

PRÁCTICA Nº 47

REGULACIÓN PLENA INTRAPERSONAL: **Afirmaciones de gratitud**		30 min
OBJETIVO	Elaborar afirmaciones de gratitud con atención plena.	
MATERIALES	Papel (o "diario emocional") y lápiz.	
DESCRIPCIÓN	La práctica comienza con una breve meditación sentada centrada en la respiración (entre 5 y 10 min). *Céntrate en tres aspectos de tu vida por los que sientas especial gratitud. No es necesario que sean cosas muy extraordinarias, pueden ser pequeñas cosas que están en tu vida y que te llenan de dicha.* *Elabora mentalmente una afirmación de agradecimiento para cada una de "las cosas de valor" que has identificado. Cuando hayas pensado cada afirmación haz una "respiración de aterrizaje en el aquí y en ahora" pero con una variante: al inspirar concentra todo el agradecimiento que acabas de pensar y, al espirar, comparte tus sensaciones positivas con las personas que te rodean.* Después de este ejercicio recomendamos registrar en un papel o en el "diario emocional" la experiencia vivida. Las anotaciones deben limitarse a describir la experiencia, evitando juzgarla o darle algún significado. Sencillamente, tratamos de reflejar fielmente las sensaciones, emociones o pensamientos experimentados.	

Afirmaciones de gratitud

Solemos expresar quejas con bastante asiduidad, sobre todo aquello que no marcha bien en nuestra vida. Nuestra mente pasa mucho tiempo rechazando aquellos aspectos de la vida que consideramos inadecuado y aferrándose a esos otros en los que depositamos nuestra esperanza de felicidad.

Este ejercicio de regulación emocional viene a desmontar esa inercia –de la que no siempre somos conscientes– porque nos ayuda a tomar conciencia de los regalos que la vida nos ofrece día tras día y a los que muy raramente atendemos. Como hemos podido experimentar al final de la práctica, no solo somos conscientes de las cosas importantes de la vida, sino que también compartimos amorosamente con los demás la felicidad que estas nos reportan.

PRÁCTICA Nº 48

REGULACIÓN PLENA INTRAPERSONAL: **El *mandala***		60 min
OBJETIVO	Colorear un *mandala* con atención plena.	
MATERIALES	*Mandala* para colorear (en internet hay una gran variedad de *mandalas* de uso libre). Lápices de colores, rotuladores, acuarelas, acrílicos, etcétera. Papel (o "diario emocional") y lápiz.	

La práctica comienza con una breve meditación sentada centrada en la respiración (entre 5 y 10 min).

Cada uno selecciona un *mandala* en blanco que le guste.

Observa el *mandala* con atención plena

Siéntate en una postura cómoda pero erguida (manteniendo la columna recta y dejando caer los hombros hacia atrás y abajo). Cierra los ojos y respira profundamente mientras sientes el aire que entra y sale de ti. Abre tus ojos y observa tu mandala.

Es una práctica similar a los ejercicios de entrenamiento de la atención plena "Simplemente ver" que ya hemos realizado a través de los colores, paisajes naturales u objetos del entorno (3 min).

Colorea el *mandala* con atención plena

Ahora comienza a colorear (durante 15 minutos). *Siente cada sensación al pintar, cada movimiento, cada trazo de color. Déjate llevar por los colores que te apetezcan, sin seguir un diseño prestablecido. No trates de darle un sentido ni juzgar aquello que estás experimentando. Abre tu mente con curiosidad y aceptación a todo lo que llegue a tus sentidos.*

(Continúa)

Mientras coloreas identifica en qué está centrada tu mente: ¿qué estás sintiendo?, ¿qué estás pensando?

Cuando se cumpla el tiempo vuelve a observar tu mandala.

DESCRIPCIÓN ⓘ

Intercambia tu *mandala* (Para el trabajo con dos o más personas/grupos)

Transcurridos unos 15 minutos, el facilitador de la actividad pide a los participantes que intercambien sus *mandalas* por parejas y continúen coloreando el del compañero.

Ahora vas a detener tu trabajo y vas a intercambiar el mandala *con tu compañero de al lado.*

Observa el mandala *que tienes ahora. Trata de no juzgarlo y, si lo haces, deja pasar cualquier pensamiento que surja sobre ese* mandala (durante 1 minuto).

Continúa dibujándolo como si fuera tu propio mandala. *De nuevo evita valorar la experiencia y ten libertad para dibujarlo según te vaya apeteciendo* (durante 15 minutos).

A continuación, cada uno devuelve el *mandala* a la persona que se lo entregó.

Nos tomamos un tiempo para observar con atención plena el mandala *que ha vuelto a ti.*

Después de este ejercicio recomendamos registrar en un papel o en el "diario emocional" la experiencia vivida. Las anotaciones deben limitarse a describir la experiencia, evitando juzgarla o darle algún significado. Sencillamente, tratamos de reflejar fielmente las sensaciones, emociones o pensamientos experimentados.

El mandala

Los *mandalas* son construcciones simbólicas de origen oriental y con forma geométrica redondeada (similar a elementos de la naturaleza: sol, luna, células...). Un *mandala* puede variar en color y diseño, pero básicamente se conforma de un centro y los cuatro puntos cardinales. Vibran, giran y trasmiten energía; su forma interna siempre es una espiral desde el centro y la periferia de este.

Los *mandalas* favorecen la concentración, la atención, la relajación y la práctica meditativa. El *mandala* es un recurso terapéutico que induce relajación en las personas que hacen uso de ellos. Nos permite crear un espacio silencioso en el que encontrarnos con nosotros mismos y favorece la regulación natural de nuestros afectos.

En el trabajo en grupo, un punto crítico de esta práctica suele ser cuando se les pide el intercambio de *mandalas,* ya que el apego y la colaboración con otras personas suele suscitar en nosotros todo tipo de emociones.

Es muy importante recordar que los *mandalas* deben colorearse de forma natural y dejándonos llevar por nuestras sensaciones.

PRÁCTICA Nº 49

REGULACIÓN PLENA INTRAPERSONAL: **Carta de agradecimiento**		30 min
OBJETIVO	Escribir una carta de agradecimiento a un amigo y a un "no amigo" en un estado de atención plena.	
MATERIALES	Papel, lápiz y "diario emocional" (si se está trabajando en él).	

DESCRIPCIÓN

La práctica comienza con una breve meditación sentada centrada en la respiración (unos 5 min).

Carta a un amigo

Asegúrate de que estás viviendo este momento con atención plena. Ahora trae a tu mente a una persona cercana por la que sientas un gran afecto o gratitud muy especial.

Tómate un tiempo para escribirle una carta de agradecimiento a la persona en la que estás pensando. Trata de no valorar lo que escribes y siéntete libre para expresarte tal y como te vaya apeteciendo. Céntrate en las palabras que van surgiendo y trata de no pensar en el resultado final.

Recuerda que no es necesario que esta carta llegue a su destinatario, así que sencillamente intenta expresar lo que sientes, sin ningún tipo de censura. Como en ejercicios anteriores permite que tu respiración consciente acompañe a tu escritura en todo momento.

Carta a un "no amigo"

Nueva meditación sentada centrada en la respiración (durante 5 min).

Ahora vas a traer a tu mente a una persona que, en este momento, no es tu amigo y con quien has tenido algún conflicto, desavenencia o malentendido muy serio.

Vas a escribirle con atención plena una carta breve de gratitud a esa persona. Le puedes dar las gracias por lo

(Continúa)

que quieras. Cuando la estés escribiendo trata de hacerlo sin juzgar ni la tarea, ni a ti mismo, ni a esa persona, ni lo que estás escribiendo. Y si lo haces, acepta lo que piensas y sientes, pero no te enredes en ello. "Suelta" esos pensamientos y sentimientos para continuar en el momento presente: en tu carta de agradecimiento.

DESCRIPCIÓN ⓘ

Una vez concluidas las dos cartas existe la posibilidad de que sean enviadas o entregadas a su destinatario, si así lo desean.

Después de este ejercicio recomendamos registrar en un papel o en el "diario emocional" la experiencia vivida. Las anotaciones deben limitarse a describir la experiencia, evitando juzgarla o darle algún significado. Sencillamente, tratamos de reflejar fielmente las sensaciones, emociones o pensamientos experimentados.

Carta de agradecimiento

Ya hemos explicado en qué sentido el agradecimiento resulta ser una estrategia de regulación emocional que viene a romper cierta "inercia" que tenemos a ser muy críticos y centrar nuestra atención en todo aquello que no marcha en nuestras vidas. Aunque difícil, realizar esta práctica en el ámbito de nuestras relaciones interpersonales es algo muy valioso, pues, a veces, es con las personas más importantes de nuestra vida con las que mostramos nuestro lado más crítico e intransigente.

Tener la oportunidad de expresar nuestro agradecimiento y llevar nuestra atención a lo que hemos recibido de otros suele resultar una experiencia muy reveladora a nivel personal; mucho más si lo hacemos en un estado de atención plena que nos lleva a tomar conciencia de numerosos aspectos que eran desconocidos para nosotros o que habíamos ignorado.

Regulación emocional plena interpersonal

PRÁCTICAS INEP:

50. Baila conmigo
51. Presentación de un objeto personal
52. Cadena de afectos

PRÁCTICA Nº 50

REGULACIÓN PLENA INTERPERSONAL:
Baila conmigo

30 min

OBJETIVO

Cuidar de otros y ser cuidado por los demás con atención plena.

MATERIALES

Pañuelos o antifaces.

Una pieza musical.

Papel (o "diario emocional") y lápiz.

DESCRIPCIÓN

La práctica comienza con una breve meditación sentada centrada en la respiración (entre 5 y 10 min).

Si el espacio lo permite, todos forman parejas de baile en el centro de la sala. En caso contrario, se organizarán dos turnos para que puedan moverse sin problemas.

Por turnos, uno de cada pareja será "el bailarín" (que bailará al son de la música con los ojos tapados) y el otro, "el cuidador" (protegerá en silencio al bailarín, cuidando de que no le pase nada mientras baila libremente por la sala).

Sitúate en el centro de la sala con tu pareja.

Si eres "el bailarín", comenzarás a bailar por la sala cuando suene la música. Recuerda que debes llevar los ojos tapados. Trata de despreocuparte y confía en "el cuidador" que te acompañará sigilosamente todo el tiempo.

Si eres "el cuidador", debes estar al lado de tu compañero cuidando que no se lastime o se haga daño. Actúa en silencio, tratando de no ser excesivamente protector y no permitiendo que tu pareja pueda hacerse daño al bailar.

Al finalizar la música se intercambian los roles.

Después de este ejercicio recomendamos registrar en un papel o en el "diario emocional" la experiencia vivida. Las

(Continúa)

DESCRIPCIÓN ⓘ	anotaciones deben limitarse a describir la experiencia, evitando juzgarla o darle algún significado. Sencillamente, tratamos de reflejar fielmente las sensaciones, emociones o pensamientos experimentados. Puesta en común: espacio para compartir la experiencia y lo que hemos aprendido en este ejercicio.

Baila conmigo

La confianza y la protección son piezas claves en las relaciones interpersonales. Hacerlo en un estado de atención plena nos ayuda a ganar mayor comprensión de cómo nos sentimos al desempeñar los diferentes roles que se evidencian en este ejercicio. Generalmente, en condiciones normales hay señales que nos pasan desapercibidas. Así, una persona podría experimentar un cierto malestar al tener que velar por la seguridad de su pareja, mientras otra podría sentirse muy oprimida al comprobar que no puede actuar con libertad y que tiene que depender de las indicaciones de su compañero.

Esta práctica no genera una situación muy cómoda, pero sí una oportunidad única para modular y gestionar las diferentes emociones que van a apareciendo en nosotros y en los demás. Por ejemplo, el miedo a hacer el ridículo ante otros, la desconfianza en nuestro compañero o la incapacidad para aventurarnos a movernos por un espacio que no controlamos visualmente.

PRÁCTICA Nº 51

REGULACIÓN PLENA INTERPERSONAL:
Presentación de un objeto personal — 30 min

OBJETIVO	Presentar un objeto personal con un gran valor sentimental en grupo.
MATERIALES	Un objeto personal (significado emocional especial). Papel (o "diario emocional") y lápiz.
DESCRIPCIÓN	La práctica comienza con una breve meditación sentada centrada en la respiración (entre 5 y 10 min). Cada persona irá presentando al grupo el objeto personal que ha seleccionado. El objeto personal que has traído delante de ti (o en las manos) obsérvalo con atención plena durante unos instantes (3 min) *Ahora vas a presentar al grupo el objeto escogido así como la razón que te llevó a escogerlo. Observa cómo te sientes cuando lo presentas.* *Trata de no perder de vista tu respiración y escucha con especial atención lo que cada persona del grupo quiere compartir con los demás a través de su objeto. Trata de no juzgar a tus compañeros ni a ti mismo.* Después de este ejercicio recomendamos registrar en un papel o en el "diario emocional" la experiencia vivida. Las anotaciones deben limitarse a describir la experiencia, evitando juzgarla o darle algún significado. Sencillamente, tratamos de reflejar fielmente las sensaciones, emociones o pensamientos experimentados. Puesta en común: espacio para compartir la experiencia y lo que hemos aprendido en este ejercicio.

Presentación de un objeto personal

Este ejercicio combina muchas de las habilidades emocionales entrenadas hasta el momento, como son: la toma de conciencia emocional, la capacidad de expresar emociones, la capacidad de escucha, o la expresión de aspectos íntimos en una situación de grupo.

Como hemos podido comprobar a lo largo de este manual, cada práctica suele combinar el trabajo de varias habilidades emocionales (aunque suelen centrarse de manera especial en un aspecto concreto de la inteligencia emocional convencional). De hecho, la propia atención plena se convierte en una herramienta que favorece la inteligencia emocional de los participantes en cada uno de los ejercicios presentados.

PRÁCTICA Nº 52

REGULACIÓN PLENA INTERPERSONAL:
Cadena de afectos

30 min

OBJETIVO	Modular y gestionar las emociones que surgen en la interacción con el grupo.
MATERIALES	Papel (o "diario emocional") y lápiz.

DESCRIPCIÓN

La práctica comienza con una breve meditación sentada centrada en la respiración (entre 5 y 10 min).

El grupo se coloca de pie en dos filas paralelas, una frente a otra, mirándose cara a cara.

Primero una fila será quien pida los afectos y la otra quien los dé, sin poder negarse a ello. Una vez recibido el afecto, las personas de la fila que los piden avanzan un puesto a la derecha. La otra fila (la que da el afecto que le piden) no se mueve de su sitio.

Al terminar cambian los roles y es ahora la otra fila la que pide los afectos.

Cada miembro de la fila que pide afectos puede elegir entre los 5 afectos posibles, levantando en silencio a su compañero el número de dedos que signifique el afecto que pide:

- Si levanta 1 dedo = mantenemos la mirada en silencio.
- Si levanta 2 dedos = mantenemos la mirada y nos regalamos una sonrisa.
- Si levanta 3 dedos = nos damos la mano con afecto.
- Si levanta 4 dedos = nos damos un beso.
- Si levanta 5 dedos = nos damos un abrazo.

Después de este ejercicio recomendamos registrar en un papel o en el "diario emocional" la experiencia vivida. Las anotaciones deben limitarse a describir la experiencia, evitando juzgarla o darle algún significado. Sencillamente, tratamos de reflejar fielmente las sensaciones, emociones o pensamientos experimentados.

Puesta en común: espacio para compartir la experiencia y lo que hemos aprendido en este ejercicio.

Cadena de afectos

Pedir y recibir afectos no es algo sencillo para muchas personas, por todo lo que implica a nivel físico, psíquico y emocional.

Si alguien desconocido nos pide un abrazo, posiblemente podamos sentirnos incómodos o incluso pensemos en negarnos o en salir corriendo. Pero ¿lo haremos? Claro que podemos hacerlo, pero, a lo mejor, no es como nos gustaría resolver esa situación. Esto es la regulación emocional.

Por eso es tan importante para el PINEP subrayar la certeza de que con atención plena podemos elegir mejor cómo responder a lo que nos pasa en un momento dado. Si identificamos lo que estamos pensando y sintiendo y lo manejamos bien, podemos vivir esa experiencia sin dejarnos llevar por el primer impulso que nos surja (salir corriendo, ponernos a llorar o echarnos a reír, por ejemplo) y evitarnos, además, las consecuencias de esas "reacciones descontroladas".

Ficha visual de apoyo para el ejercicio "Cadena de afectos"

1 dedo	2 dedos	3 dedos	4 dedos	5 dedos
		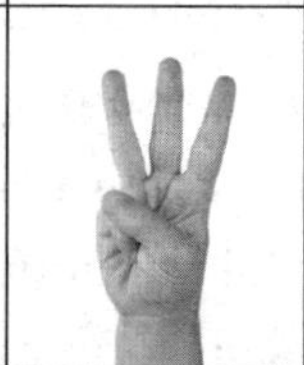	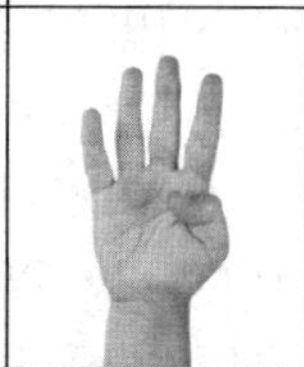	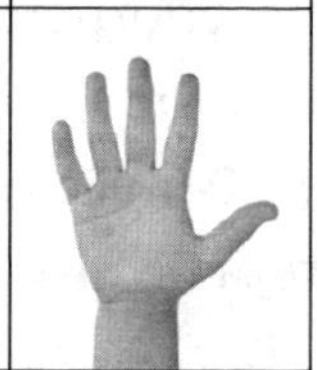
Nos miramos a los ojos	Nos sonreímos	Nos damos la mano	Te doy un beso	Te doy un abrazo
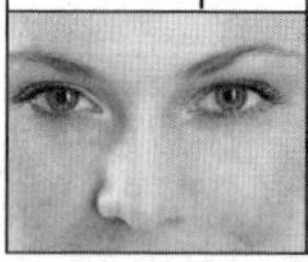	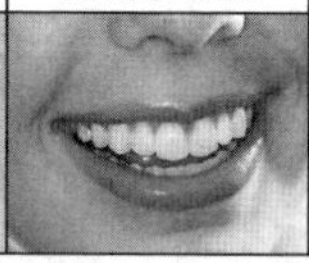			

5. Programa de entrenamiento de la inteligencia emocional plena (PINEP) en grupos

En este apartado presentamos una propuesta concreta del PINEP para el trabajo con grupos. De las 52 prácticas del programa hemos seleccionado una amplia variedad de ejercicios, aunque podríamos haber elegido otros (siempre que nos aseguremos de que todas las habilidades de la IEP estén representadas).

No obstante, todas las prácticas de atención plena o mindfulness y los ejercicios de las habilidades emocionales, a nivel intrapersonal, también pueden realizarse solo a nivel individual.

Toda esta propuesta nace como resultado de experiencias previas dirigidas por los autores de este libro, tanto en procesos terapéuticos y psicoeducativos individuales como grupales. Entre todas estas experiencias cabe destacar el Curso de Formadores en Inteligencia Emocional Plena con maestros y alumnos de primaria de centros educativos de la provincia de Málaga, en colaboración con el Centro de Profesorado Marbella – Coín de la Junta de Andalucía (experiencia sobre la que se está realizando una investigación detallada en la Universidad de Málaga).

Este es un programa flexible y abierto que puede ser ampliado o reducido, con el fin de adaptarlo a las características del grupo y a las necesidades formativas que puedan ir surgiendo a lo largo del proceso.

Al analizar el programa puede verse con claridad cómo se ha estructurado: el orden de presentación de las prácticas y de las habilidades emocionales que se trabajarán. Todo tiene su sentido, según el modelo de intervención presentado en este manual.

Pautas generales sobre el programa

- Este programa está dirigido inicialmente a grupos de población adulta (idealmente, entre 15 y 20 miembros), aunque los ejercicios pueden ser adaptados sin dificultad para el trabajo con grupos infantiles, adolescentes y juveniles, y a grupos adultos más numerosos.
- El programa está estructurado en diez sesiones, en las que se intercalan contenidos y prácticas de la PINEP, basándose en un proceso psicoeducativo planificado para la adquisición progresiva de las habilidades emocionales propuestas.
- Las sesiones tienen una duración aproximada de tres horas (con un breve descanso a mitad de la actividad).

La duración del programa es de diez semanas (un total de 30 h), contemplando una sesión semanal en grupo.

- En el plan de trabajo se incluye gran parte de los ejercicios que se desarrollan en este libro práctico sobre la INEP. Como se ha comentado anteriormente es un programa que permite ampliar o reducir el número de prácticas y la duración de cada sesión, según sea el grupo con el que se vaya a trabajar y los recursos con los que se cuenten (entre ellos, el tiempo previsto).
- Los contenidos teóricos se presentarán en un espacio específico en cada sesión para facilitar el proceso de aprendizaje de todo el grupo. Sin embargo, dichos contenidos también se pueden ir integrando en las reflexiones posteriores a cada ejercicio. Es importante que el programa sea prioritariamente práctico (ya que la atención plena es experiencia y no conocimiento) y no tenga una carga teórica excesiva.
- Aunque se ha previsto un espacio de conclusiones finales en el foro de cada sesión, debe facilitarse la participación activa de todos los miembros del grupo invitándoles a que compartan brevemente con los demás la experiencia que acaban de tener durante cada práctica. Por este motivo, el tiempo previsto para cada ejercicio en el plan de trabajo incluye unos minutos extras para las posibles reflexiones que surjan en el grupo.
- Se recomienda utilizar desde el principio un "diario emocional" en el que cada miembro del grupo registra su propio proceso (hallazgos, avances, dificultades, soluciones,

reflexiones, etcétera). Este diario de trabajo es personal y solo será conocido por los demás si su propietario desea compartirlo con el grupo.

Estructura del programa de entrenamiento

A continuación se presenta el programa de inteligencia emocional plena que integra experiencias para el aprendizaje y desarrollo de las habilidades emocionales a través de la práctica de la atención plena.

Sin un entrenamiento previo en atención plena, no sería posible desarrollar el resto de los ejercicios sobre percepción y expresión, comprensión, facilitación y regulación emocional del PINEP. Por este motivo, en cada sesión se realizarán dos tipos de prácticas:

(MM) mindfulness o atención plena:	• Bloque 1: **Meditación a través de la respiración** • Bloque 2: **Meditación a través de los sentidos** • Bloque 3: **Meditación a través del cuerpo (conciencia corporal)** • Bloque 4: **Meditación a través del movimiento** • Bloque 5: **Meditación a través de la mente** • Bloque 6: **Meditación en actividades de la vida cotidiana**
(INEP) inteligencia emocional plena:	• **Percepción y expresión emocional** (intra- e interpersonal) • **Comprensión emocional** (intra- e interpersonal) • **Facilitación emocional** (intra- e interpersonal) • **Regulación emocional** (intra- e interpersonal)

Plan de trabajo

Sesión a sesión se detalla el plan de trabajo de este programa de entrenamiento, con el tiempo estimado para la realización de las prácticas previstas.

Sesión N° 1 (sesión introductoria)	
INICIO (45´)	Presentación del programa y de los participantes.
TEORÍA (60´) Incluye descanso	**(MM) *¿Qué es mindfulness o atención plena y para qué sirve?*** (concepto y funciones) **(IEP) *¿Qué es la inteligencia emocional plena?*** (gestión emocional a través de la atención plena)
PRÁCTICA (55´)	**(MM) BLOQUE 1: Meditación a través de la respiración** • (Práctica N° 1) *"Atención a la respiración"* ..... (15´) • (Práctica N° 2) *"Respiración de aterrizaje en el aquí y en el ahora"* ..... (10´) • (Práctica N° 3) *"Atención a la respiración torácica y abdominal"* ..... (15´) • (Práctica N° 4) *"Atención a la respiración sincronizada"* ..... (15´)
FORO (15´)	Conclusiones teórico-prácticas y puesta en común.
CIERRE (5´)	**(MM) BLOQUE 1: Meditación a través de la respiración** • (Práctica N° 5) *"Atención a la respiración sincronizada: 4 x 4"* ..... (5´)

Sesión N° 2

INICIO (10´)	*Saludo inicial* **(MM) BLOQUE 1: Meditación a través de la respiración** • (Práctica N° 2) *"Respiración de aterrizaje en el aquí y en el ahora"* ...... (5´)
TEORÍA (30´)	**(MM) *Componentes de mindfulness*** **(IEP) *¿Qué es la percepción y expresión emocional?*** (concepto y utilidad)
PRÁCTICA (2 h) Incluye descanso	**(MM) BLOQUE 2: Meditación a través de los sentidos** • (Práctica N° 7) *"Atención a los colores"* ..... (20´) • (Práctica N° 10) *"Atención al sonido"* ..... (20´) **(IEP) Percepción y expresión emocional** (Intrapersonal) • (Práctica N° 29) *"Los globos"* ..... (30´) • (Práctica N° 31) *"Lectura de poemas"* ..... (30´)
FORO (15´)	Conclusiones teórico-prácticas y puesta en común.
CIERRE (5´)	**(MM) BLOQUE 2: Meditación a través de la respiración** • (Práctica N° 6) *"Atención a la respiración sincronizada: 4 x 4 x 8"* ..... (5´)

Sesión Nº 3

INICIO (20´)	*Saludo inicial* **(MM) BLOQUE 2: Meditación a través de los sentidos** • (Práctica Nº 14) *"Atención a mis manos, mi espacio y el entorno que me rodea"* ..... (20´)
TEORÍA (15´)	**(MM) *Actitudes básicas para iniciar la práctica de mindfulness***
PRÁCTICA (2 h) Incluye descanso	**(MM) BLOQUE 2: Meditación a través de los sentidos** • (Práctica Nº 12) *"Atención a las texturas"* ..... (30´) **(IEP) Percepción y expresión emocional** (Interpersonal) • (Práctica Nº 33) *"Identifica mi emoción"* ..... (30´) • (Práctica Nº 34) *"Creación de un círculo humano"* ..... (20´)
FORO (15´)	Conclusiones teórico-prácticas y puesta en común.
CIERRE (10´)	**(MM) BLOQUE 2: Meditación a través de los sentidos** • (Práctica Nº 11) *"Atención a los sonidos del momento"* ..... (10´)

Sesión Nº 4

INICIO (10´)	*Saludo inicial* **(MM) BLOQUE 1: Meditación a través de la respiración** • (Práctica Nº 2) *"Respiración de aterrizaje en el aquí y en el ahora"* ..... (5´)
TEORÍA (15´)	**(IEP) *¿Qué es la comprensión emocional?*** (concepto y utilidad)
PRÁCTICA (2:05 h) Incluye descanso	**(MM) BLOQUE 2: Meditación a través de los sentidos** • (Práctica Nº 13) *"Mi primera pasa"* ..... (20´) **(IEP) Comprensión emocional** (Intrapersonal) • (Práctica Nº 35) *"Meditación a través del espejo"* ..... (30´) • (Práctica Nº 36) *"Meditación sobre fotografías personales"* ..... (30´)
FORO (15´)	Conclusiones teórico-prácticas y puesta en común.
CIERRE (15´)	**(MM) BLOQUE 2: Meditación a través de los sentidos** • (Práctica Nº 15) *"Meditación de la naturaleza"* (15´)

Sesión N° 5

INICIO (10´)	*Saludo inicial* **(MM) BLOQUE 3: Meditación a través del cuerpo (conciencia corporal)** • (Práctica N° 17) *"Observar la tensión–distensión en el cuerpo"* ..... (5´)
TEORÍA (15´)	**(MM) *Habilidades aprendidas o reforzadas con la práctica de mindfulness.***
PRÁCTICA (2:10 h) Incluye descanso	**(MM) BLOQUE 3: Meditación a través del cuerpo (conciencia corporal)** • (Práctica N° 16) *"Conciencia de mis bloqueos físicos"* (con dibujo de tensiones) ..... (30´) • (Práctica N° 18) *"Reconocimiento corporal o* Body-Scan*"* ..... (15´) **(IEP) Comprensión emocional** (Interpersonal) • (Práctica N° 38) *"Visualización de una situación agradable"* ..... (30´) • (Práctica N° 40) *"¿Quién eres?"* ..... (30´)
FORO (15´)	Conclusiones teórico-prácticas y puesta en común.
CIERRE (10´)	**(MM) BLOQUE 1: Meditación a través de la respiración** • (Práctica N° 5) *"Atención a la respiración sincronizada: 4 x 4"* ..... (5´) • (Práctica N° 6) *"Atención a la respiración sincronizada: 4 x 4 x 8"* ..... (5´)

Sesión N° 6	
INICIO (20´)	*Saludo inicial* **(MM) BLOQUE 3: Meditación a través del cuerpo (conciencia corporal)** • (Práctica N° 20) *"Meditación sentada"* ..... (15´)
TEORÍA (15´)	**(IEP) *¿Qué es la facilitación emocional?*** (concepto y utilidad)
PRÁCTICA (1:55 h) Incluye descanso	• **(MM) BLOQUE 3: Meditación a través del cuerpo (conciencia corporal)** • (Práctica N° 21) *"Meditación de pie"* ..... (20´) **(IEP) Facilitación emocional** (Intrapersonal) • (Práctica N° 42) *"Inducción emocional sobre un dibujo"* ..... (30´) • (Práctica N° 43) *"Composición de poemas"* ..... (45´)
FORO (15´)	Conclusiones teórico-prácticas y puesta en común.
CIERRE (15´)	• **(MM) BLOQUE 3: Meditación a través del cuerpo (conciencia corporal)** • (Práctica N° 22) *"Conciencia corporal en el aquí y en el ahora"* (meditación tumbados) ..... (10´)

Sesión N° 7

INICIO (20´)	*Saludo inicial* **(MM) BLOQUE 3: Meditación a través del cuerpo (conciencia corporal)** • (Práctica N° 24) *"Prácticas psicofísicas con atención plena"* ..... (15´)
TEORÍA (15´)	**(MM) *Efectos positivos de la práctica de mindfulness***
PRÁCTICA (1:50) Incluye descanso	**(MM) BLOQUE 4: Meditación a través del movimiento** • (Práctica N° 25) *"Meditar caminando"* ..... (20´) **(IEP) Facilitación emocional** (Interpersonal) • (Práctica N° 44) *"Bailar al son de la música"* ..... (30´) • (Práctica N° 46) "Actúa según tu emoción" ..... (45´)
FORO (15´)	Conclusiones teórico-prácticas y puesta en común.
CIERRE (20´)	• **(MM) BLOQUE 3: Meditación a través del cuerpo (conciencia corporal)** • (Práctica N° 23) *"Meditación de pie"* ..... (20´)

Sesión Nº 8	
INICIO (20´)	*Saludo inicial* **(MM) BLOQUE 3: Meditación a través del cuerpo (conciencia corporal)** • (Práctica Nº 18) *"Reconocimiento corporal o* Body-Scan" (breve) ..... (15´)
TEORÍA (15´)	**(IEP) *¿Qué es la regulación emocional?*** (concepto y utilidad).
PRÁCTICA (2 h) Incluye descanso	**(MM) BLOQUE 5: Meditación a través de la mente** • (Práctica Nº 26) *"Meditación sobre la mente (estado y contenido de la mente)"* ..... (30´) **(IEP) Regulación emocional** (Intra- e interpersonal) • (Práctica Nº 47) *"Afirmaciones de gratitud"* ..... (10´) • (Práctica Nº 48) *"El* mandala" ..... (60´)
FORO (15´)	Conclusiones teórico-prácticas y puesta en común.
CIERRE (10´)	**(MM) BLOQUE 3: Meditación a través del cuerpo (conciencia corporal)** • (Práctica Nº 22) *"Conciencia corporal en el aquí y en el ahora"* (meditación tumbados) ..... (10´)

Sesión N° 9	
INICIO (30´)	*Saludo inicial* **(MM) BLOQUE 5: Meditación a través de la mente** • (Práctica N° 27) *"La cascada de pensamientos"* ..... (25´)
TEORÍA (15´)	**(IEP) *Inteligencia emocional plena para la vida cotidiana***
PRÁCTICA (1:50 h) Incluye descanso	**(MM) BLOQUE 6: Meditación en actividades de la vida cotidiana** • (Práctica N° 28) *"Vivir cada día con atención plena (ser en el hacer)"* ..... (15´) **(IEP) Regulación emocional** (Intra- e interpersonal) • (Práctica N° 51) *"Presentación de un objeto personal"* ..... (45´) • (Práctica N° 50) *"Baila conmigo"* ..... (30´)
FORO (15´)	Conclusiones teórico-prácticas y puesta en común.
CIERRE (10´)	**Regulación emocional** (Intrapersonal) • (Práctica N° 47) *"Afirmaciones de gratitud"* ..... (10´)

Sesión N° 10 (última sesión)	
INICIO (30′)	Saludo inicial **(MM) BLOQUE 6: Meditación en actividades de la vida cotidiana** • (Práctica N° 28) *"Vivir cada día con atención plena"* (repaso de prácticas en casa) ..... (25′)
PRÁCTICA (1:50 h) Incluye descanso	**(IEP) Regulación emocional** (Intra- e interpersonal) • (Práctica N° 49) *"Cartas de agradecimiento"* ..... (60′) • (Práctica N° 52) *"Cadena de afectos"* ..... (30′)
FORO (30′)	Conclusiones y evaluación del programa.
CIERRE (10′)	**(IEP) Regulación emocional** (Intrapersonal) • (Práctica N° 47) *"Afirmaciones de gratitud"* ..... (10′)

6. Referencias bibliográficas

Bisquerra, R. (2009). *Psicopedagogía de las emociones*. Síntesis: España.

Epstein, S. (1998). *Constructive Thinking: The Key to Emotional Intelligence*. Westport: Praeger Publishers.

Fernández-Berrocal, P. y Ramos, N. (2002). *Corazones inteligentes*. Barcelona: Kairós.

— (2004). *Desarrolla tu inteligencia emocional*. Barcelona: Kairós.

Goleman, D. (1995). *Inteligencia emocional*. Barcelona: Kairós.

Greenberg, L. (1996). *Facilitando el cambio emocional*. Madrid: Paidós.

Hanh, T. N. (1975). *The Miracle of Mindfulness*. Boston: Bacon Press (Edición en español en Oniro).

Hayes, S. C., Strosahl, K., Wilson, K. G. (1999). *Acceptance and Commitment Therapy: An Experiential Approach to Behavior Change*. Nueva York: Guilford Press.

Linehan, M. M. (1993). *Cognitive Behavioural Treatment of Borderline Personality Disorder*. Nueva York: Guilford.

Kabat-Zinn, J. (1990). *Full Catastrophe Living*. New York: Delta. Edición en castellano: *Vivir con plenitud las crisis*. Barcelona: Ed. Kairós, 2003.

Naranjo, C. (2004). Cambiar la educación para cambiar el mundo. Vitoria: La llave.

Ramos, N. (2008). *S.O.S. Maestros del corazón*. Madrid: Pirámide.

—, Enríquez, H. & Recondo, O. (2012). *Inteligencia emocional plena*. Barcelona: Kairós.

—, Hernández, S. M., y Blanca, M. J. (2009). «Efecto de un programa integrado de mindfulness e inteligencia emocional sobre las estrategias cognitivas de regulación emocional». *Ansiedad y estrés, 15* (2-3), 207-216.

—, Hernández, S. M. y Blanca, M. J. (2010). Hacia un programa Integrado de Mindfulness e Inteligencia Emocional. INFOCOP-On-Line, 35-36.

Ricard, M. (2003). *El arte de la meditación*. Barcelona: Urano.

Simón, V. (2011). *Aprende a practicar Mindfulness*. Barcelona: Sello Editorial, S.L.

Salovey, P. y Mayer, J. (1990). *Emotional Intelligence. Imagination, Cognition and Personality, 9*, 185-211.

— y Sluyter, D. J. (eds.) (1997). *Emotional Development and Emotional Intelligence. Educational Implications*. Nueva York: Basic Books.

Segal, Z., Williams, M. & Teasdale, J. (2002). *Mindfulness Based Cognitive Therapy for Depression: A New Approach to Preventing Relapse*. Nueva York: Guilford.

Sternberg, R. (1997). *Inteligencia exitosa: Cómo una inteligencia práctica y creativa determina el éxito en la vida*. Barcelona: Paidós.

Wilson, K. G. & Luciano, M. C. (2002). *Terapia de aceptación y compromiso (ACT). Un tratamiento conductual orientado a los valores*. Madrid: Pirámide.

Agradecimientos

En primer lugar, agradecer a nuestras familias y a todas aquellas personas que nos enseñan a vivir plenamente cada día.

Gracias a cada uno de los maestros y asesores del CEP Marbella-Coín de la Junta de Andalucía que han hecho posible los cursos de desarrollo de la inteligencia emocional a través de la atención plena (mindfulness) estos años. Gracias por vuestra confianza y vuestras ganas de aprender. Todo lo que hemos compartido con vosotros ha consolidado nuestro compromiso con hacer de la educación una experiencia humana más real, dinámica e integral quc ayuda a los niños, adolescentes y jóvenes a ser ciudadanos; que, además de tener conocimientos básicos para la vida, se conocen a sí mismos, gestionan sus emociones, saben tomar decisiones y resuelven conflictos. Y para hacerlo posible necesitamos maestros como vosotros. Muchas gracias.

Gracias a la editorial Kairós, a través de este medio me permito saludarles, y hacer un reconocimiento muy especial a todos aquellos que nos ayudan en la publicación de nuestros trabajos relacionados con la psicología. Detrás de cada libro hay un gran número de personas haciendo un esfuerzo por conseguir la mejor presentación de una cubierta y revisando los contenidos para que las ideas sean del agrado de los y las lectoras. Por todo eso, y por mucho más quiero agradecer al director y demás personal su dedicación y entrega para que todo esto sea posible.

Finalmente, un agradecimiento muy especial a todos aquellos, hombres y mujeres, que tienen el valor de soñar con un mundo más habitable y humano, donde el amor hacia nuestra persona sea solo el principio del amor que proyectamos hacia los demás.

editorial Kairós

Puede recibir información sobre nuestros libros y colecciones o hacer comentarios acerca de nuestras temáticas en

www.editorialkairos.com

Numancia, 117-121 • 08029 Barcelona • España
tel +34 934 949 490 • info@editorialkairos.com